WOLFGANG SCHADEWALDT
STERNSAGEN

MIT ILLUSTRATIONEN
AUS DEM 18. JAHRHUNDERT

INSEL VERLAG

Der Abdruck der Sternkarten
und der aus ihnen entnommenen Figuren
erfolgt mit freundlicher Genehmigung
der Staatsbibliothek Preußischer Kulturbesitz,
Berlin
Sie stammen aus: Johann Gabriel Doppelmaier,
Atlas novus coelestis . . .
Nürnberg: Homann 1742.

insel taschenbuch 234
Zweite Auflage, 11.–13. Tausend 1980

Vertrieb durch den Suhrkamp Taschenbuch Verlag
Umschlag nach Entwürfen von Willy Fleckhaus
Satz: Librosatz, Kriftel
Druck: Nomos Verlagsgesellschaft, Baden-Baden
Printed in Germany

HEMISPHÆRIUM
Leo
Virgo
Libra
Lynx
Ursa Major
Bootes
Serpens
Cancer
Pollux
Castor

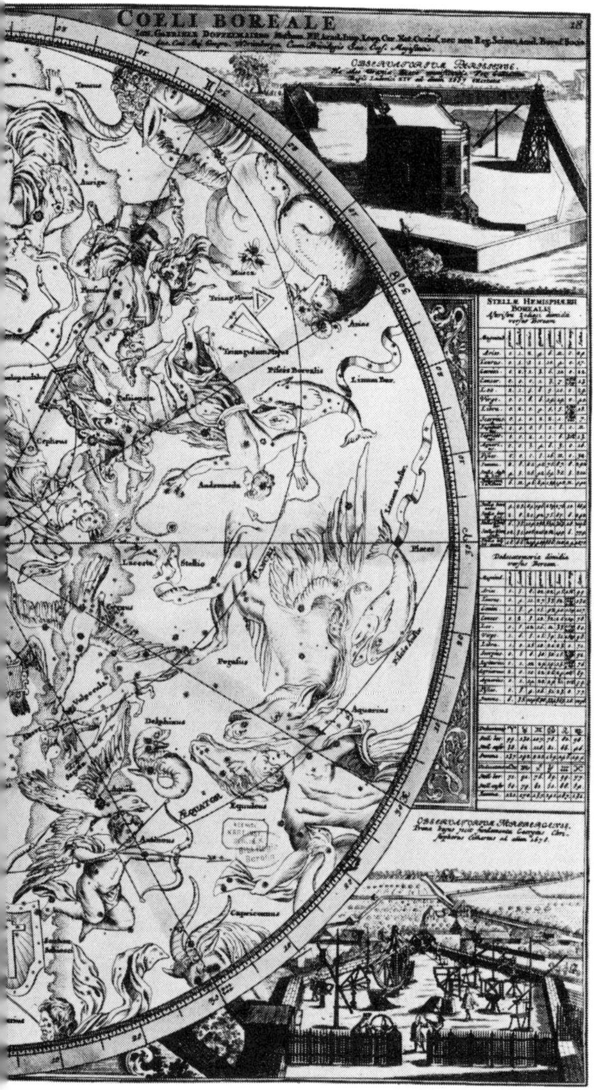
COELI BOREALE
18
Taurus
Auriga
Musca
Aries
Triangulum Majus
Pisces Borealis
Andromeda
Lacerta
Pegasus
Delphinus
Aquarius
Equuleus
Antinous
Capricornus

Für Maja die Helferin
und die Kinder

Wenn jemand unter uns heutzutage in einer klaren Sommernacht oder auch im Winter bei harter Kälte vom Gipfel eines Berges aus oder im Schiff auf dem Meer oder über weiten Schneefeldern zum Himmel aufblickt – und es gibt ja noch solche Sonderlinge –, so kann es ihm geschehen, daß er unvermittelt aus der einen Stimmung in die entgegengesetzte fällt.

Da erschien der große Himmelsraum ihm eben noch als ein Gewölbe – ein Himmelsdom –, herrlich geschmückt mit dem unendlichen, funkelnden Sterngeschmeide, und er fühlte sich entzückt, erhoben und, umgeben von jenem weiten Rund, das ihm doch wieder nahe erschien, wunderbar geborgen. Aber dann mag sich für ihn mit einem Schlage alles vor seinem betrachtenden Auge furchtbar wandeln. Die feste Kuppel, die einfaßt und hält, ist auf einmal wie zerronnen. Da, wo der Blick auf den finstern Untergrund fällt, kein Anhalt mehr, sondern saugende Leere, die Leere des Raums, der grenzenlos ist, und in dessen entsetzlichen Weiten glühende Gasbälle rotieren und sich umeinander und miteinander in Schwärmen bewegen, Bälle von unvorstellbaren Ausmessungen, doch in jener grenzenlosen Leere des Raums nur Stäubchen, wenn auch von ungeheurer Leuchtkraft. Und alles das vor nicht allzulanger Zeit durch eine uranfängliche Explosion entstanden und nun in zahllosen Welteninseln auseinander- und von uns wegfliehend und sich zerstrahlend und einmal dem sichern All-Tod entgegengehend. Da ergreift unseren Betrachter, der sich eben noch geborgen fühlte, vielleicht ein Schauder, ihn fröstelt, schwindelt vor dem Ungeheuren, Erbarmungslosen, das sich vor ihm auftut, und sein Blick flüchtet sich gern in die Nähe zum Umriß eines guten Baums oder dem Lichtschein, der aus dem Fenster einer Menschenwohnung fällt.

Dieser Doppelanblick des gestirnten Himmels ist der Anblick der *naiven* und auf der andern Seite der *wissenden* Anschauung des Himmels. Es ist der Anblick, den die Antike und die Griechen vom Himmel hatten, und wieder der des heutigen, durch die moderne Wissenschaft vom Kosmos unterrichteten Betrachters. Das Merkwürdige und gewiß Gute ist, daß wir heutigen Menschen diese *beiden* Himmelsanblicke, jenes antike, beglückende Bewußtsein der Geborgenheit in der Schönheit und festen Ordnung des Himmels, und jenes andere Bewußtsein, hinausgeschleudert zu sein in das Nichts der Unendlichkeit, die zugleich zum Bilde der *Vergänglichkeit* wird, wechselnd in unserer Seele verwirklichen können. Nicht erst wir Heutigen, schon ein Hölderlin zeigt sich in seinen Dichtungen im Anblick des Himmels, mit dem er lebte, bald von der einen, bald der andern Empfindung durchdrungen. Und so geht sein Blick bald in die unendlichen Fernen der Orione, und er endet sein Lied an das Schicksal mit dem Bild des kühnen Seelenflugs: »Bis an der Sonnen letzte ringe / Genährt vom Siege dieses Herz.« Und andererseits wieder nennen er und die Geliebte im Gespräch miteinander den Himmel »den unendlichen Garten des Lebens« und die Erde »eine der Blumen des Himmels« und: »Wie die Rosen sich mit goldnen Stäubchen erfreuen, sagten wir, so erfreue das heldenmütige Sonnenlicht mit seinen Strahlen die Erde. Sie sei ein herrlich lebend Wesen, ursprünglich vielleicht inniger mit dem Sonnengott vereint, dann aber durch ein allwaltend Schicksal geschieden von ihm, damit sie ihn suche, sich nähere, sich entferne und unter Lust und Trauer zur höchsten Schönheit reife.«

Wie für die Griechen und ihre »naive« Himmelsbetrachtung war der Himmel auch für den Deutschen Hölderlin ein Bereich des Göttlichen, in dessen Anblick man das Bewußtsein des Göttlichen unmittelbar an sich selbst erfuhr. Göttlich wie den Griechen waren ihm die Sterne, zu denen aufzuschauen – zunächst mit den leiblichen Augen, dann mit dem inneren Auge des Geistes, der bis in die innere Ordnung ihrer Bewegungen dringt – für den Griechen soviel bedeutete wie Gott-Erkenntnis; sagten sie doch sogar, daß die aufrechte Haltung den Menschen zumal deswegen als Menschen auszeichne, weil er so, anders als die Vierfüßler, statt nach unten auf die Erde zu blicken, den freien Blick zum Himmel erheben könne.

Erhob er nun aber seinen Blick zur Himmelsfeste, so begegnete ihm dort nicht nur ein Gewirr von staunenswerten Glitzerpunkten und auch nicht eine abstrakte Ordnung, in ein Gradsystem gebannt, beziffert und ausgedrückt in abstrakten Zeichen. Er sah wie überall auf der Erde auch am Himmel sich Gestalten abzeichnen: die Sternbilder, sah sie so eindringlich plastisch, daß diese – in den ältesten Zeiten an den besonders hervorstechenden Konstellationen begründet und dann zumal von dem Astronomen Eudoxos, dem Schüler Platons, der als strenger Wissenschaftler zugleich ein poetischer Geist war, nach allen Richtungen des Himmel weiter durchgeführt – sich bis auf uns und unsere Sternkarten erhalten haben.

Höchst merkwürdig dabei, was wir viel zu wenig beachten, weil es uns so gewohnt geworden ist, daß diese griechische Sternbildwelt, mag auch Orientalisches schon früh auf sie eingewirkt haben, im ganzen eine Welt der *Helden*, ein Abbild der *Sage von diesen Helden* ist. Und so kennen wir Orion, Bootes, Herkules, Perseus, Kassiopeia, Kepheus, Andromeda, Pegasus an unserm Himmel und auch den Schwan, die Leier und den Drachen, die Krone, den Löwen, den Wagenlenker, den wir meistens Fuhrmann nennen, den Delphin, die Jungfrau – alles uns ganz gewohnt, jedoch nicht selbstverständlich, wie eine einfache Erinnerung lehrt. Gelangen wir nämlich in jene südlichen Breiten, in die die Griechen nicht hingelangten, so entfaltet sich da oben eine ganz andere Welt von Bildern. Wir finden um den südlichen Himmelspol Pendel, Uhr, Mikroskop, Teleskop, Triangel, Winkelmaß, Brustwehr, Luftpumpe, Rhombisches Netz, Kompaß, Zirkel, Oktant – von dem großen christlichen Zeichen, dem Kreuz des Südens, abgesehen, meist Namen und Bilder aus der Instrumentenwelt des Mathematikers, Geometers, Nautikers, das heißt des Gelehrten, der nach dem Zeitalter der Entdeckungen im 17., besonders aber im 18. Aufklärungsjahrhundert aus seiner nüchtern technischen Welt den Bildern da oben ihre Namen gab. Die Griechen aber erkannten im Bereich des Himmels ihre Helden wieder – worunter sie hohe Menschen ihrer Vergangenheit verstanden, die, durch ihre Taten wie Leiden ausgezeichnet, nach ihrem Tode, als Vorbilder wie Nothelfer, Grabkult und staatliche Opfer empfingen. Und gleichgültig, ob nun das Sternbild die Geschichte erzeugt hat oder ob man eine bereits vorhandene Geschichte später auf das Bild da oben übertrug: der Himmel, göttlich in seiner allem Irdischen enthobenen Ordnung, wurde da, wo er sich in sichtbaren Gestalten darstellte, zu einem *Raum der Helden:* die »Helden des Himmels«, sagt Hölderlin in seinem Hyperion mehrfach. Dreifach gestuft baut für den Griechen sich die Welt auf: Menschen, Helden und Götter. Diese dreifache Stufung verwirklichen auch Erde und Himmel für den Griechen. Hier unten die Welt der unregelmäßigen Bewegungen, des Werdens und des Vergehens und so vielfältiger Verworrenheiten, ganz oben in der höchsten Äthersphäre das Ewige, Feste, Unwandelbare, Göttliche. *An* dieser Sphäre aber der *Bereich der Helden,* von denen manche als Menschen auf der Erde Großes getan und Großes gelitten haben, nicht Götter, aber schon unter Menschen göttlich und nun am Himmel in jenen Bildern zugegen, erhebend und zugleich vertraut, wenn man zu ihnen aufschaut, wenn man sich ihrer Taten, ihrer Leiden erinnert.

Auch für den heutigen Menschen, wenn er durch die Nacht geht, ist es ein anderes, ob er nur so durch die Nacht geht oder ob er sich noch die Empfindung bewahrt hat, daß da oben eine andere Welt ist, daß Gestalten auf ihn herniederblicken, daß hohes Tun und hohes Leiden ihn begleitet. Das furchtbar Göttliche des Himmels, wie unsere neuere Wissenschaft es lehrt (»entgöttlicht« wollen wir auch ihre Lehre nicht nennen), verwandelt sich dann wieder in jene andere naive, ebenso beglückende wie erhebende Schau, und man kehrt von solcher Wanderung durch die Nacht zurück, vom Himmel und seinen Bildern an jenes Menschliche erinnert, das uns ausmacht: in seiner Begrenztheit, seiner Erhobenheit.

In diesem Sinne mag es zumal in unserer Zeit wohl gut tun, von jenen Helden des Himmels zu erzählen und ihre alten Geschichten anzuhören.

HIMMEL, MOND UND PLANETEN

Vom ganzen Himmel und seinem Anblick sprachen wir. Mit dem ganzen Himmel und seinem Ursprung wollen wir beginnen und auch von dem großen Leid berichten, das dem Himmel nach einer sehr alten und urtümlichen Geschichte der Griechen in der ältesten Urzeit widerfahren ist.

Da heißt es, daß ganz am Anfang Chaos, die »klaffende Leere«, war. Und dann entstand die breitbrüstige Erde als fester Wohnsitz für alle ohne Wanken, sowie der düstere, neblige Tartaros im Raum unter der weiträumigen Erde und als Dritter Eros, der Gott der Liebe, der das Getrennte zusammenführt und vereinigt. Und so begann die Kette der Geburten, die die Mächte und Kräfte des Seins in die Wirklichkeit riefen.

Aus Chaos, der klaffenden Leere, entstanden Erebos, die Finsternis, und die dunkle Nacht, aus der Nacht entstanden Aither, der höchste Himmelsglanz, wie auch Hemera, der Tag, nachdem Nacht und Finsternis sich in Liebe vereinigt hatten. Und nun gebar die Erde, ihr selber gleich, Uranos, den Himmel, damit dieser sie rings umhülle und damit er für die unsterblichen Götter ein Wohnsitz ohne Wanken sein sollte für immer. Und die Erde gebar weiter die breiten Berge und das unfruchtbare Weltmeer, vereinigte sich mit Uranos, dem Himmel, und gebar den Weltstrom Okeanos, der sie rings umfließt, und hatte zusammen mit dem Himmel noch weiter eine große Anzahl von Kindern, Söhnen sowie Töchtern: die Titanen und Titaninnen. Der Jüngste unter ihnen war Kronos, der Krummgesonnene und Furchtbarste unter ihrer beider Söhnen. Und ferner waren da unter ihren Kindern Kottos und Briareos und Gyes, denen je hundert Arme an den Schultern wuchsen und je fünfzig Köpfe aus den Hälsen entsproßten auf riesigen Gliedern. Ihr Vater Uranos haßte sie von Anfang an, und sobald sie nur zur Welt gekommen waren, sperrte er sie alle ein und ließ sie nicht hinauf ans Licht, sondern verbarg sie in den Schlüften der Erde und hatte sein Ergötzen an dem schlimmen Werk. Da aber seufzte die gewaltige Erde in der Tiefe und stöhnte in ihrer Bedrängnis und sann sich eine arge List aus. Sie ließ das graue Eisen in sich wachsen und schuf ein gewaltiges Sichelschwert und sprach zu ihren Söhnen: »Ihr meine Söhne, Söhne des verruchten Vaters, wollt ihr mir gehorchen, so werden wir die schlimme Unterdrückung den Vater entgelten lassen.« Da fürchteten sich alle, weil sie so gesprochen hatte, und keiner von ihnen wagte zu antworten. Nur der riesige Kronos faßte sich ein Herz und sagte zu der Mutter Erde, daß er das Werk auf sich nehmen und vollenden wollte, denn der Vater Himmel habe den Anfang gemacht mit schlimmen Taten. Und die riesige Erde freute sich in ihrem Herzen, und sie ließ ihn sich an einem verborgenen Platz auf die Lauer legen und gab ihm das Sichelschwert aus Eisen, das wie eine Säge gezahnt war, in die Hand und unterwies ihn in aller Arglist. Und als nun der große Uranos, der Himmel, heraufkam und die Nacht mitbrachte und voll Liebesverlangen sich über die Erde beugte und sich ringsher um sie streckte, da erhob Kronos, sein Sohn, aus dem Hinterhalt seine linke Hand und ergriff mit der rechten die gewaltige, breite, gezahnte Sichel und mähte dem eigenen Vater eilends die Mannheit ab und warf sie hinter sich, und die Blutstropfen, welche herabfielen, empfing die Mutter Erde und gebar aus ihnen die starken Erinnyen, die Rachegöttinnen, wie auch die riesenhaften Giganten. Und die Mannheit des Himmelsgottes Uranos fiel ins Meer und trieb dort umher, und aus dem weißlichen Schaum, der sich aus ihr erhob, entstand im Meer als wundersame Frau die Liebesgöttin Aphrodite. Kronos aber, der sich so an dem eigenen Vater auf furchtbarste Art vergangen hatte, wurde später zur Strafe für seine Tat wieder von dem eigenen Sohn Zeus gestürzt, der dadurch, daß er den Frevler beseitigte, die Gerechtigkeit in der Welt für alle Zeiten wiederhergestellt und zusammen mit seinen Söhnen, nachdem er noch furchtbare Kämpfe mit den Unholden der Tiefe, den Titanen und Giganten, bestanden hatte, jenes Lichtreich der olympischen Götter begründet hat, in welchem die großen Helden der Griechen heraufkommen und, wiewohl mit Leid und Schmerzen, ihre herrlichen Taten vollbringen sollten. Daß Himmel aber und Erde einander lieben und daß aus ihrer liebenden Vereinigung alles Leben auf der Erde erwächst, ist ein Glaube geblieben, zu dem auch hohe Dichter später sich immer wieder bekannt haben. Und so sagt ein tragischer Dichter von Erde und Himmel: es verlange die Erde nach dem Regen, wenn das trockene Erdreich fruchtlos in der Dürre nach Feuchtigkeit lechze; es verlange der erhabene Himmel, wenn er des Regens voll sei, liebend zu fallen auf die Erde, und wenn diese beiden sich dann in eins vereinigt hätten, so ließen sie uns alles wachsen und nährten alles, wodurch das Geschlecht der Menschen leben und gedeihen könne.

Das war der düstere und wohl auch unheimlich zu nennende Anfang des Himmels, der allnächtlich noch jetzt in liebendem Verlangen über die Erde kommt und sie ringsher einhüllt. Er wird aufs lieblichste erhellt durch den Mond, der zumal dann, wenn er in jeder vierten Woche in seiner vollen Schönheit am Himmel strahlt und blüht, den Raum des Himmels mit einem zweiten geheimnisvollen Tag erfüllt. Er leuchtet so klar und schön an dem reinen griechischen Himmel, daß die Griechen gar nicht darauf kommen konnten, in ihm wie wir den grämlichen Gesellen zu erkennen, der über der Erde, ausgestattet mit Busch und Hund, sein allenfalls sauersüßes Gesicht macht. Sie sahen in dem Mond vielmehr eine wundersame milde Frau, die Mondin, die auf einem Rind oder wohl auch einem Pferd über den Himmel reitet oder auch mit einem Gespann zweier Pferde oder Rinder fährt, mit Flügeln begabt, in leuchtendem Gewand, eine goldene Krone auf dem Haupt, von der ein mildes Licht ausgeht und die Erde in seinen Zauber hüllt, mit schönen Haaren und dem schönsten Leib, den sie in dem Ozean wäscht, aus dem sie aufsteigt. Es heißt, daß der Gott Pan Selene, das ist der griechische Name dieser Mondin, heftig liebte, doch, weil er ein so struppiger dunkler Geselle ist, der wohl zumal in der Gestalt eines Ziegenbocks mit schrägen Augen erscheint, sich ihr zuliebe in weiße Schafspelze gehüllt hat, um ihr zu gefallen und sie an sich zu locken. Allein, nicht dieser Pan war es, den Selene, die Mondin, auf ihre keusch verschämte Weise und doch aufs innigste geliebt hat: ihr Geliebter war Endymion. Der war ein wunderschöner Jüngling gewesen, und es hatten ihm die Götter die Gabe verliehen, daß er der Verwalter seines eigenen Todes sein und selber wählen sollte, wann er sterben wollte. Und so habe Endymion statt des Todes sich lieber einen ewigen Schlaf gewünscht. In diesem ewigen Schlaf, der zwar kein rechtes Leben, aber immerhin doch eine Art Leben war, sei er auch ewig jung und schön geblieben. Und also schläft Endymion in all seiner übermäßigen Schönheit nun in einer Grotte in dem Latmos-Gebirge in Karien in Kleinasien, und die schöne Mondin liebt ihn in aller Keuschheit, und wenn sie, voll geworden, über dem Latmos-Gebirge heraufsteigt, so sagen die Menschen, daß sie den schönen schlafenden Geliebten in jenem Gebirge in seiner Grotte besucht, um ihn zu herzen und zu küssen. Man will auch wissen, Hypnos, der Gott des Schlafs, der den Endymion sehr liebte, habe ihm die wundersame Gabe verliehen, daß er mit offenen Augen schlafen konnte; und wenn der Gott des Schlafs mit seinen Flügeln ihn umschwebte, so wollte er seine schönen Augen sehen. Doch heißt es auch, es sei Endymion in Elis, jener Landschaft, in der Olympia liegt, ein großer König gewesen, und dort sei er der glückliche Liebhaber der Mondin Selene gewesen, und sie habe ihm fünfzig Kinder geboren. Diese waren die fünfzig Monate, die zusammen miteinander das olympische Jahr ausmachten.

In allerneuesten Tagen ist Luna, der Mondin, Neues und Unerhörtes widerfahren. Verwegene Männer aus dem Menschenvolk sind in einem von Feuer getriebenen Schiff an ihrem Himmel erschienen, haben sie umrundet und sie in seltsamen Vermummungen und Vorkehrungen gegen die dort herrschende Schärfe des Sonnenlichts wie die Luftleere sogar betreten. Das Antlitz, das Luna ihnen so aus der Nähe darbot, war das einer entsetzlichen, lebenleeren Wüste von Sand und Steinen unter tiefschwarzem Himmel. Aber auch so haben jene neuen Liebhaber der Mondin das Antlitz Lunas nur preisen können, das sich ihnen nun – ohne alle Lieblichkeit – in grausamer, doch um so erhabenerer Schönheit entschleierte.

Außer der weiblich wechselvollen Mondin beleben den dunklen Grund des Himmel vor allem jene Wandelsterne, von denen die Griechen fünf: Hermes – Merkur, Aphrodite – Venus, Ares – Mars, Zeus – Jupiter und als letzten Kronos – Saturn an ihrem Himmel kannten, an dem diese Irrsterne, bisweilen seltsam vorwärts und wieder zurück laufend, ihre Kreise und Kurven zogen. Allein, diese unbeständigen Gesellen haben eben um ihrer Unbeständigkeit willen die sagenbildende Phantasie der Griechen nur wenig auf sich gezogen, höchstens daß man von Hesperos, dem Abendstern, erzählt hat, daß er in früheren Zeiten einmal ein Mann gewesen sei, der sich in seinem Erdenleben durch Gerechtigkeit und Frömmigkeit so ausgezeichnet habe, daß man ihn zum Lohn für seine guten Taten nach dem Tode als leuchtenden Stern an den Himmel versetzt habe. Er soll auf den Gipfel des Atlas-Gebirges gestiegen sein, um dort seinen Blick auf die Sterne und den Himmel zu richten, und dort habe ihn ein gewaltiger Windshauch hinweggerafft, und so habe das Volk um seiner Tugend und seines Leidens willen den schönsten Stern des Himmels nach seinem Namen Hesperos benannt. Die Namen der übrigen Wandelsterne sind die Namen der schönsten und wirksamsten Götter des Olymp, doch steht dahinter der Sternglaube der babylonischen Chaldäer. Die Griechen haben ihre Wandelsterne im Grunde nur nach dem Vorbild der Chaldäer erst spät mit den Namen ihrer Götter so benannt. Wollten wir die Geschichten auch aller dieser Götter berichten, es würde uns weit weg von unserm Ziele führen und ein ganz anderes Buch ergeben. Es sei auf dieses alles hier nur hingewiesen. Wir aber wenden uns nun ganz jenen festen, unwandelbaren Bildern des Himmels zu, die in den Fixsternen sich zum Teil von selbst vor unsern Augen als Bilder darstellen, zum andern, größten Teil aber von den griechischen Himmelsbetrachtern des 5. und vor allem des 4. Jahrhunderts v. Chr. voneinander abgesondert und benannt wurden, um dem unendlichen Sternengewirr des Himmels eine übersichtliche Ordnung zu geben.

BÄR ODER WAGEN UND ORION

Die beiden Sternbilder, die am mächtigsten und prächtigsten in unseren wie den griechischen Breiten am Himmel ins Auge fallen – gegen Ende des Winters kann man sie bei uns abends gleichzeitig am Himmel stehen sehen –, sind der große Bär oder der Wagen und der Orion. Sie sind so ausgeprägt in ihrer klar umrissenen Erscheinung, daß sie sich beide gleichsam von selber deuten. Und so sind es auch gerade diese beiden, die bei den Griechen seit den allerfrühesten Zeiten bekannt und benannt waren. Wenn in der Ilias Homers der Schmiedegott Hephaistos dem Achilleus den neuen Schild verfertigt, auf welchem er zum bedeutungsvollen Zeichen dem Helden das Leben und die ganze Welt darstellt, so bildet er auf ihm zuerst »Erde, Himmel und Meer, die unermüdliche Sonne und den Vollmond und darauf alle Sternbilder, die den Himmel kränzen, Pleiaden, Hyaden und die Gewalt des Orion und die Bärin, die sie auch Wagen mit Namen nennen, die auf derselben Stelle kreist und zum Orion hinspäht und allein nicht teilhat am Bad im Okeanos, dem Welt-Strom«. Und wieder, wenn Odysseus von Kalypso über das Meer fährt, so schaut er aus »nach den Pleiaden, dem spätversinkenden Bootes, der Bärin, die sie auch Wagen mit Namen benennen und die nicht teilnimmt am Bad im Welt-Strom«, und er achtet darauf, daß ihm diese Sterne auf seiner Fahrt nach Osten zur Linken bleiben. Es ist fast die gleiche Gruppe, vermehrt um den Arkturos, die auch der alte Hesiod in seinem Gedicht ›Über den Landbau‹, nicht lange nach Homer, nennt, wenn er dem Landmann die richtigen Zeiten für seine verschiedenen Arbeiten angeben will. Nehmen wir noch den Sirius hinzu, von dem Homer zu sagen weiß, daß er »der Hund des Orion mit Beinamen benannt ist, daß er der leuchtendste ist und als ein böses Zeichen dasteht, denn er bringt den armen Sterblichen viel Hitze«, so bilden alle die genannten Sternbilder, auf der einen Seite Bär und Bootes oder auch Arkturos, auf der andern Orion, Sirius, Pleiaden und Hyaden, das herrliche, große zweiteilige Himmelsgemälde, zwischen dessen einzelnen Elementen die ausdeutende Phantasie der Griechen nun bald Beziehungen hergestellt und diese Beziehungen in Geschichten versinnlicht hat. Wie von selbst stellte die große Konstellation der sieben Sterne in der Nähe des Himmelspols sich entweder als Wagen mit Wagenkorb und Deichsel oder, von der andern Seite her gesehen, auch als ein großes, schwerfälliges Raubtier, den Bären oder, wie die Griechen meinten, eine Bärin, dar. Und zu ihm gehört in seiner Nähe das hoch von unten aufsteigende Sternbild des Bootes, in dem man wohl einen Mann erkennen mochte, der, wenn er zum Wagen gehört, den nach urtümlicher Weise Ochsen zogen, Bootes, der Ochsentreiber, war, wenn zur Bärin, der Arkturos, der »Bärenwächter«. Und auf der andern Seite Orion, unzweifelhaft ein riesenhafter Mann mit oben den breit auseinanderstehenden Schultersternen, in der Mitte der Einschnürung seines dreisternigen Gürtels, an dem das Wehrgehenk zu sehen ist, wenn man scharf hinschaut, und unten den zwei Sternen an der Stelle seiner Knie. Zu ihm aber wieder gehören in engerer Beziehung der Hund, Sirius, und der funkelnde kleine Sternhaufe der Pleiaden. Dieser Orion ist ein riesenhafter Jäger, der Jäger mit dem Hund,

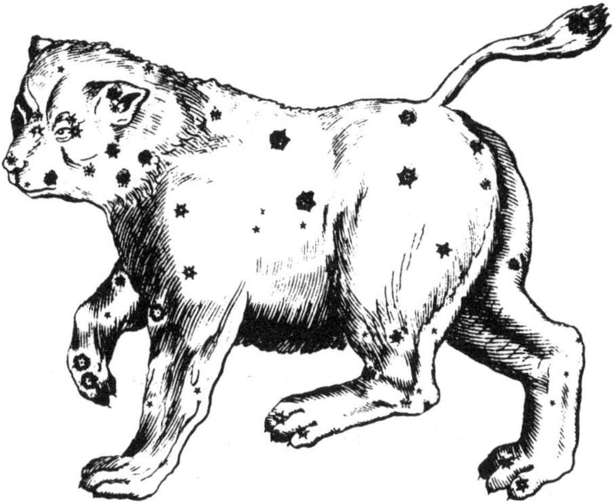

Großer Bär

schon von Homer an. Wie er die Pleiaden verfolgt, werden wir noch sehen. Zunächst jedoch bemerken wir, wie Homer sogar zwischen der Bärin im Nordosten und Orion gegen Westen eine Beziehung bildet, wenn er sagt, daß die Bärin nach dem Orion spähe – wir können nicht sagen, ob furchtsam oder bereit zum Angriff. Doch erkennen wir schon aus dem soweit Gesagten, wie die Griechen jene leuchtenden Bilder am Himmel nicht nur als in sich selber ruhende Bilder betrachteten, sie gruppierten schon in jener hohen Frühzeit, und gruppierten nicht nur mit ihrem klar zusammenfassenden Sinn, sondern sie sahen in dem, was sich in solchen Bildgruppen am Himmel darstellte, ein bewegtes Geschehen: was die Sternbilder am Himmel darstellten, waren Dramen. – Und noch etwas ist für diese schon der ältesten Zeit bekannten Ur-Sternbilder, die noch nicht der gelehrte Ordnungssinn abgeteilt hat, charakteristisch: ihre Ausdeutung ist dem Bereich des Landmanns und des Jägers entnommen. Jagd und Landbau sind ja die beiden ältesten Lebensformen des Menschen, die Homer deswegen auch vor allem auf jenem Schild des Achilleus darstellt; zu Seefahrern mußten auch die Griechen erst werden.

Und so wollen wir nun im folgenden die Geschichten erzählen, die sich auf der einen Seite an die Bärin oder den Wagen nebst dem Ochsentreiber oder dem Bärenwächter knüpfen und auf der andern an Orion, den großen Jäger. Sie seien, ohne daß wir uns auf die vielen Fragen einlassen, die den Erforscher der griechischen Sagen beschäftigen müssen, in aller Schlichtheit hier nur lediglich erzählt, und, da wir auf das Griechentum als Ganzes blicken, so wollen wir zu unserem Zweck auch nicht gar zu ängstlich zwischen frühem Sagengut und später hinzugedichtetem unterscheiden.

In sehr urtümliche Verhältnisse scheint uns die Bärin zu führen. Sie gehört in den Kreis der großen Göttin Artemis, der Göttin der wilden Tiere und selbst Jägerin. In dem Bergland der Peloponnes Arkadien verehrte man diese Göttin als die »Schönste«, Kalliste, und von ihr zweigte, wie das oft zu beobachten ist, die Sage ein Menschenmädchen, »die Schönste«, Kallisto, ab und gab ihr zum Vater den Lykaon, der ein so wilder Mensch gewesen ist, daß Zeus ihn in einen Wolf verwandelte. Kallisto aber wurde unter die Schar der Jungfrauen der Göttin Artemis aufgenommen, nachdem sie einen schweren Eid-Schwur darauf geleistet hatte, daß sie Jungfrau bleiben wollte, wie ihre jungfräuliche Herrin auch. Allein da geschah es ihr, daß Zeus, der höchste Gott, sich in sie verliebte und sie verführte, ob er ihr nun in der Gestalt der Artemis oder auch in der Gestalt ihres Bruders Apollon begegnete. Der Göttin blieb dies verborgen, bis sie bei schon vorgeschrittener Zeit einmal beim Baden sah, wie es mit ihrer Gefährtin Kallisto bestellt war. Und nun erzählt man entweder, die Göttin Artemis habe, tief er-

Bootes

zürnt, die Kallisto in eine Bärin verwandelt, und so habe sie den Arkas geboren, oder auch, Zeus habe sie in die Gestalt der Bärin zu verbergen gesucht, um sie dem eifersüchtigen Zorn seiner Gattin Hera zu entziehen, Hera aber habe der Artemis geboten, die Bärin mit ihren Pfeilen zu erlegen. Oder, wie man wohl auch die Geschichte ausspann, Kallisto mußte als Bärin weiterleben, und so irrte sie, zum wilden Tier geworden, jedoch weiter mit Menschensinn begabt, durch die Wälder, bis sie einst nach langen Jahren ihren Sohn Arkas im Walde traf.

Der war inzwischen zu einem tüchtigen Jäger herangewachsen. Und die Mutter erkennt ihn, sie bleibt stehen und will sich dem Sohne zärtlich nähern, doch der sieht in ihr nur das wilde Tier, erhebt gegen sie die Waffe und würde sie gewiß getötet haben – da aber entrückt die beiden Zeus und setzt sie nachbarlich als Sterne an den schönsten Platz des Himmels, nahe dem Himmelspol. Doch muß sie nun ständig nach dem Himmelsjäger spähen, und das Bad im Okeanos ist ihr von ihrer Feindin Hera für alle Zeit versagt.

Freundlicher, heller, anheimelnder sind die Geschichten, die sich an die andere Deutung des Sternbilds, die Deutung als eines Wagens, knüpfen, und wir erzählen die Geschichten, wenn einige auch aus späteren Zeiten stammen mögen. Da ist der Wagen ein Pflug oder Getreidewagen und gehört in den Kreis der großen Göttin der Feldfrucht, Demeter. Diese hatte sich, wie schon Homer und Hesiod erzählen, auf dreimal gepflügtem Brachfeld mit Iasion vermählt, dem ersten Sämann. Weil Zeus jedoch es gar nicht gern sah, wenn Göttinnen sich einen Menschen zum Gefährten ihrer Liebe erwählten, erschlug er den Iasion mit seinem Blitz. Die Göttin aber gebar den Philomelos, und dieser wurde zum Erfinder des Pfluges und Wagens. Und also lenkt er nun in der Gestalt des Bootes sein Gefährt über den Himmel. Und so mag uns der große Wagen denn noch heute an die göttliche Gabe der Feldfrucht gemahnen, durch die die Göttin Demeter, nach der weitverbreiteten Meinung der Griechen, die Menschen von ihrer ursprünglichen Wildheit abgezogen und zu der milderen Lebensführung des Ackerbaus und der »Kultur« geführt hat. – Zu dem Brot indessen gehört seit ältesten Zeiten der Wein. Und auch die Gabe dieses edlen Gutes hat man im Himmelswagen verkörpert gesehen. Da war im alten Attika ein Mann mit Namen Ikarios. Er hatte einst den Weingott Diony-

Orion

sos, als dieser noch unerkannt durchs Land zog, gastfreundlich bei sich aufgenommen und von dem scheidenden Gott zum Dank eine Weinrebe als Geschenk erhalten. Und Ikarios pflanzte sie in seinen Garten, und sie gedieh, vermehrte sich, und so konnte Ikarios den ersten Wein in einen Schlauch einfüllen, den er aus dem Fell eines Bockes machte. Er hatte den Bock bestrafen und töten müssen, weil dieser – noch heute sind die gefräßigen

Ziegen der Verderb des Pflanzenwuchses in Hellas – die Rebe des Gottes fast vernichtet hätte. In der Freude über das gewonnene edle Naß und vielleicht auch ein wenig berauscht führte Ikarios einen Freudentanz auf dem Ziegenschlauch auf. Dieser Tanz war beim Fest der attischen Weinlese üblich, und manches hat sich an ihn angeschlossen. Ikarios aber lud nun seine gefüllten Schläuche auf den Wagen und fuhr umher, um die Menschen mit der Gabe des Gottes bekannt zu machen. Doch da geschah es ihm, daß Hirtenmänner, die gar zu reichlich von dem Trank des Gottes genossen hatten, als der Wein sie in den Rausch versetzte, in ihrer Unwissenheit vermeinten, daß Ikarios sie vergiftet habe, und sie erschlugen ihn. Als die Hirten aber am nächsten Tage aus ihrem schweren Rausch erwachten, begruben sie den Ikarios trauernd.

Erigone aber, die Tochter des Ikarios, ging mit der treuen Hündin Maira den Vater suchen, und als der Hund den Leichnam des Vaters gefunden hatte, beweinte ihn die Tochter und erhängte sich. Und Dionysos oder vielleicht der Göttervater selber setzte nun alle drei als Sterne an den Himmel, den Ikarios als Bootes, Erigone als Jungfrau und den treuen Hund als Prokyon. Der mit Weinschläuchen gefüllte Wagen aber wurde so zum Himmelswagen. Soviel über den Wagen und die Himmelsbärin.

Der große Jäger Orion aber, dort nach Westen zu auf der anderen Seite, führt uns nun wieder in die Sagenbildung der alleräItesten Zeit zurück. Und wie dies vorzugsweise Wintersternbild mit seiner wunderbaren Pracht zugleich auch einen großen, drohenden Ernst verbindet, so ist auch die Gestalt des mächtigen Jägers in der Sage von einem tiefen Ernst geprägt. Ihm begegnete Odysseus bei seiner Fahrt in die Unterwelt, und er nennt ihn zugleich mit den gewaltigsten Riesen der Vorzeit,

Otos und Ephialtes, und sagt, daß diese größten Riesen, die die nahrunggebende Scholle ernährt hat, zugleich auch die Schönsten gewesen wären – *nach* dem berühmten Orion. Und ein wenig später sieht er ihn selbst, den Gewaltigen, wie er wilde Tiere zusammentreibt auf der Asphodeloswiese, Tiere, die er selber im Leben erlegt hatte auf öden Bergen, und wie er in den Händen eine Keule hält, die durch und durch von Erz ist und nie zerbricht. So ist sein Bild, nach einer vielfach über die Erde hin verbreiteten Grundvorstellung, so wie es einmal im Leben war, nun ein für allemal in der Erscheinung des Toten im Hades festgeworden.

Dieser gewaltige Mann indessen war, wie wir eben hörten, auch einer der schönsten, und so konnte es nicht anders sein, als daß auch er die Liebe von Göttinnen erregte, und die zarteste unter ihnen, die Morgenröte, Eos mit den Rosenfingern, so erzählt Homer, holte ihn sich, worauf dann auch ihr die leichtlebenden Götter im Olymp den Mann mißgönnten und auf der Insel Ortygia die goldenthronende Artemis, die heilige, ihn mit ihren sanften Geschossen hinwegnahm. Eine andere Ge-

Großer Hund

schichte verbindet ihn mit den Pleiaden, die er als Tauben jagt, die aber wohl auch eine Schar liebreizender Mädchen sind, so reizend wie der kleine funkelnde Sternschwarm – Töchter des Atlas, der die riesigen Pfeiler hält, die Himmel und Erde auseinanderhalten. Orion, der ihnen am Himmel so nahe steht und doch auf ewig von ihnen getrennt ist, liebte diese Mädchen. Sie aber flohen vor ihm, und er verfolgte sie fünf oder sieben Jahre lang durch die Wälder Boiotiens, bis Zeus sie als Sternbild an den Himmel setzte.

Der Jäger ist in der alten Zeit zugleich auch der große Wanderer, der ohne Heimstatt durch Berge und Wälder streift, in seiner ungeheuren Kraft auch wohl ein großer Wohltäter der Menschen. Und so erzählen zumal die Dichter des boiotischen Landes, in dem so viele urtümliche Sagen der Griechen wurzeln, wie einst Zeus, Poseidon und noch ein Gott (der Hermes, Apollon oder der Kriegsgott Ares gewesen sein mag) zu Hyrieus in Boiotien kamen und, weil sie freundlich von ihm aufgenommen wurden, dem Kinderlosen ihren Samen gaben, den er, geborgen in einer Stierhaut, in der Erde vergrub, woraus nach zehn Monaten Orion entstand, der »Erdgeborene«. Als Jäger wandert er unermüdlich durch das Land, doch der Gott des Meeres, Poseidon, zu einem Drittel sein Vater, verlieh ihm die wunderbare Gabe, über die Meeresoberfläche oder mitten durch das Wasser hindurch zu schreiten. Und so gelangt er mitten durch die Wasser hinüber zur Insel Euboia oder sogar hinüber bis nach Chios, auf die andere Seite des Ägäischen Meeres, ist beteiligt an der großen Kolonisation der Griechen im 8. Jahrhundert und schüttet auf Sizilien bei Messina das Vorgebirge Peloris auf, baut dort dem Poseidon einen Tempel, baut den Hafen Akte oder, wie der Dichter Aischylos meint, auch den Hafen von Rhegion, der ihm als »Hafen des schwerttragenden Orion« gilt. Und er starb nach anderen, Späteren wieder, an dem Stich eines Skorpions auf Kreta und gelangte dann mit dem Skorpion zusammen als Sternbild an den Himmel. Noch manche Geschichten werden von dieser großen Heldengestalt erzählt, sowie von seinen Töchtern Metioche und Menippe, die Athene im Weben unterrichtete und die sich für ihr von der Pest verwüstetes Land geopfert haben. Sie wurden, wie es scheint, zum Dank dafür unter die Sterne versetzt. Und auch von dem Leiden dieses großen Jägers und Wanderers und wieder seiner wunderbaren Herstellung berichtet eine Sage.

Einst kam er zu Oinopion auf Chios und warb um dessen Tochter Merope. Der Vater verweigerte sie ihm (vielleicht, daß sie gar nicht seine Tochter, sondern die Frau des Oinopion war, oder weil Orion sich an ihr vergangen hatte). Grausam blendete Oinopion den trunkenen Orion und warf ihn an den Strand hinaus. Und der blinde Mann tastete sich durchs Meer nach der Insel Lemnos hinüber zur Schmiede des kunstfertigen Hephaistos, und dort gab man ihm den Schmied Kedalion mit, den er auf seinen Schultern durch das Meer trägt, nicht so wie unser Christophoros den Herrn, sondern damit der kleine Wicht dem Blinden seine Augen leihe. Über die Berge gelangen sie bis zu der Stelle, wo die Sonne aufgeht, und dort hilft ihm der kleine Schmiedemeister, daß er sich die Lichter seiner Augen an der aufgehenden Sonne neu entzündet. Und aus dem Leiden und der Blindheit geht er wieder hervor in alter Kraft und vollem Glanz.

PERSEUS UND ANDROMEDA

Wenn wir von dem Sternbild des Großen Bären und dem Orion am Himmel ein Stück weiter nach Westen gehen, so gelangen wir in einen Bereich von sechs Sternbildern, die über den Himmelspol hinweg ziemlich genau dem Großen Bären gegenüber wieder ein zusammenhängendes Himmelsgemälde bilden. Die Hauptfiguren in diesem Gemälde sind Perseus und Andromeda. Andromeda war für die Griechen dargestellt durch die langgestreckte Reihe ihrer vier Hauptsterne als die unglückliche gefesselte Jungfrau, die am Gestade des Meers dem Meeresungeheuer zum Fraß ausgesetzt ist. Allein, schon fliegt Perseus durch die Luft heran, der bereits die Gorgonen besiegt hat, und führt in dem hellen Stern Algol, »Teufel«, wie wir ihn heute mit seinem arabischen Namen nennen, das unheimliche Haupt der schrecklich blickenden Gorgo mit sich. Die dritte Figur unseres Himmelsgemäldes ist die Königinmutter Kassiopeia; durch die auffällige Gestalt eines großen lateinischen W ist sie heute auch dem flüchtigen Himmelsbetrachter inmitten der Milchstraße wohlbekannt. Für die Griechen aber war sie nicht nur ein abstraktes Buchstabenzeichen, wie etwa ein großes liegendes griechisches Sigma, Σ, sondern, von vornherein als menschliche Gestalt gesehen, war Kassiopeia ihnen die unglückliche Frau und Mutter, die in der Sorge um die Tochter, die man um ihrer eigenen, der Mutter, Verschuldung willen gefesselt dem Meeresungeheuer darbietet, die beiden Arme jammernd erhebt. Wieder über ihr, noch mehr dem Himmelspol zu, folgt ihr Gatte Kepheus, ein nicht sehr helles Sternbild in rhombischer Form; und tief unter Andromeda wieder das riesige, langhingestreckte Sternbild des Walfischs oder richtiger des Meeresungeheuers, Ketos, wie die Griechen dazu sagten. Denn unsern »Walfisch« empfinden wir gemeinhin doch als das in aller seiner Größe gutartige Meeressäugetier, das Meeresungeheuer am Himmel aber ist das entsetzliche Untier, das die angekettete Andromeda bedroht und das Perseus tötet, als er sie befreit. Schließlich gehört als sechstes und letztes Sternbild zu dieser Gruppe, die schon frühzeitig der gelehrte Ordnungssinn der Griechen abgeteilt und benannt hat, jenseits der Andromeda das große, beinahe einem Kreis sich nähernde Vieleck des Pferdes Pegasos. Alle diese sechs Sternbilder zusammen aber stellten dem Griechen die Sage von Perseus und Andromeda dar, die wir im folgenden nun erzählen wollen.

Perseus ist neben Herakles eine der größten und bedeutendsten Gestalten der griechischen Sage. Er war der Urgroßvater des Herakles, stammte aus dem ältesten Argos, wo auch seine Sage wurzelt, war der Gründer des gewaltigen Mykene, dessen Mauern er zusammen mit den Kyklopen aufgeschichtet haben soll, war Beherrscher des starken Tiryns und durch seine Gattin Andromeda auch wieder mit dem fernen Morgenland verbunden und dazu über den Sohn hin, der ihnen beiden entsproß, Perses, Stammvater der Könige der Perser. Schon seine Erzeugung vollzog sich auf geheimnisvolle Weise, und Leiden und furchtbare Bedrohung betrafen seine Mutter Danae und ihn selbst schon im frühesten Kindesalter.

Der Großvater des Perseus, Akrisios, nämlich war König auf der Burg von Argos. Er hatte nur die eine

Kassiopeia

Tochter Danaë, aber keinen Sohn, und als er deshalb das Orakel in Delphi befragte, wurde ihm der Spruch zuteil, ein Sohn werde ihm zwar niemals werden, aber seine Tochter werde von einem Knaben genesen und dieser Enkel werde ihn, den Großvater, einst töten. Akrisios, um diesem Schicksal zu entgehen, ließ im Hofraum seines Hauses ein unterirdisches Gemach anlegen, dessen Dach und Wände von Platten aus undurchdringlichem Erz gefertigt waren. In dieses Gemach sperrte der um sein Leben besorgte Mann die Tochter mitsamt einer Wärterin, die für sie sorgen sollte, und wachte auf das genaueste darüber, daß kein Mann der Tochter nahen sollte. Er wußte nicht, daß Zeus, der höchste Gott, in Liebe zu der schönen Danae entbrannt war. Dem Gott aber ist alles möglich. Er verwandelte sich in einen goldenen Regen und drang in dieser Gestalt durch die Ritzen und die Fugen zwischen den ehernen Platten, die das

Gemach bedeckten, zu Danae ein, und verborgen in der erzgefügten Behausung empfing Danae des Zeus goldfließenden Samen. Und Danae gebar den Perseus, der also, wie so viele der Heroen der griechischen Sage, Sohn des höchsten Himmelsgottes und eines schönen Menschenkindes war und weiter dann auch bei den Dichtern »der aus fließendem Gold Entstandene« oder »der Goldgeborene« benannt blieb.

Verborgen wuchs der Knabe in der ehernen Kammer unter der Erde in der Obhut seiner gefangenen Mutter und ihrer Wärterin heran. Da aber hörte der Großvater Akrisios eines Tages, wie der Kleine beim Spielen jauchzte: und Akrisios entdeckte alles, was geschehen war, und ließ die Wärterin zum Tode führen. Der Danae aber gelang es, mit ihrem Knaben an den Altar des Zeus zu fliehen, wo sie geschützt war. Allein, Akrisios schenkte ihren Beteuerungen, daß das Kind von Zeus sei, keinen Glauben, und um sich nicht selbst an ihr zu vergreifen, schloß er sie und ihren Knaben in einen hölzernen Kasten ein und ließ den Kasten auf dem hohen Meer aussetzen. Der feste Kasten schwamm nun durch die Wogen, wurde von den Winden umhergeblasen und hob und senkte sich auf der bewegten See. Der kleine Perseus jedoch schlief in Frieden den gesunden Schlaf der Jugend. Seine Mutter Danae aber stürzte nieder vor Furcht und nicht unbenetzt blieben ihre Wangen, und um Perseus warf sie den eignen Arm und sprach: »O Kind, was für eine Not muß ich erleiden, du aber schläfst und schlummerst mit deinem milchsaugenden Herzen in diesem unerquicklichen Bretterwerk, und in der erzgenagelten Nacht strahlst du, in blauer Finsternis hingestreckt, und achtest nicht der tiefen See, wenn über deinem Haupt die Woge hingeht, und nicht der Stimme des Windes, in die purpurne Decke gebettet dein schönes Angesicht. Wenn, wahrlich, dir das Furchtbare furchtbar

Kepheus

wäre, so würdest meinem Wort du leihen dein zartes Ohr. Doch ich bitte, schlafe, Kindchen, und es schlafe das Meer, es schlafe das unermeßliche Leid. Doch eine gute Wendung mag erscheinen, Zeus Vater, von dir her. Ist aber allzu kühn und fern vom Rechten das, worum ich bitte, so verzeih mir!« Es scheint, daß Vater Zeus die Klage der Danae erhört hat. Denn das Meer beruhigte sich, und der Kasten schwamm auf den freundlich gewordenen Wassern mit seiner köstlichen Fracht gradeswegs auf die kleine steinige Insel Seriphos zu, die dort im Ägäischen Meere liegt. Dort hatten Fischer ihre Netze während der Nacht zum Fischfang ausgeworfen, und als sie nun am Morgen ihre Netze wieder einziehen wollten, da staunten die groben einfältigen Gesellen, wie schwer das Netz war, und meinten, daß sie diese Nacht einen ganz besonderen Fisch gefangen hätten, einen Kastenfisch, viele Pfunde schwer und ein rechtes Wunderding. Allein, als sie den Fisch dann vollends ans Land gezogen hatten und ihn aufbrachen, da erschien aus seinem Bauche vor den Augen der staunenden Fischerrüpel ein noch größeres Wunder: denn dem Kasten, den sie eingefangen hatten, entstieg die schöne unglückliche Frau mit dem wunderschönen Knaben auf ihrem Arm. Die braven ehrlichen Fischerburschen überließen die schöne Danae und ihren Knaben dem Diktys, der unter den Fischern gewesen war, und dieser nahm die Erschöpfte auf und bot ihr in seinem Hause eine gastfreundliche Heimstatt.

Nun aber herrschte über die Insel Seriphos Polydektes, der ein Bruder des Diktys war. Er verliebte sich in Danae, sie aber wußte sich standhaft Jahr um Jahr seinen Bewerbungen zu entziehen, und als inzwischen Perseus herangewachsen war, konnte er sie noch weniger zur Frau erlangen. Da geschah es, daß der König einmal alle seine Gefolgsleute und unter ihnen auch den jungen Perseus zum Mahle einlud, und alle sollten eine Liebesgabe, wie der König sie fordern durfte, mitbringen. Da aber vermaß sich Perseus im Übermut, er werde dem König das Haupt der Gorgo bringen. Und Polydektes nahm den Perseus beim Wort, und als am sechsten Tage die andern alle dem König je ein Pferd zur Liebesgabe brachten, da bestand Polydektes in allem Ernst darauf, daß Perseus ihm das Haupt der Gorgo bringen sollte, und wenn er es nicht bringen könnte, so wollte er seine Mutter Danae nach allem nunmehr zur Ehe zwingen. Und wie in manchen unserer Märchen, wo jemand auch etwas schwer Erreichbares holen soll, wurde diese Forderung des Königs für Perseus zum Anlaß für seine Mannestaten.

Weit über die Grenzen der Erde und den Okeanos hinaus, nach Morgen oder auch nach Abend, wohnen die drei Gorgonen: Sthenno, Euryale und Medusa. Von die-

Perseus

sen waren die ersten beiden unsterblich, die dritte, Medusa, aber, von der es hieß, daß sie »Schlimmes erdulden sollte«, war sterblich. Als geflügelt, schlangenhaarig und Hasserinnen der Menschen werden die Gorgonen geschildert, und so schrecklich ist ihr Anblick, daß jedem Sterblichen, der sie ansieht, der Atem vergeht. »Steinerner Tod«, »Tod in Versteinerung« ist es, was unfehlbar jedem Menschen ihr Anblick bringt. Vielleicht, daß Medusa, die sterbliche unter ihnen, die auch wieder wegen ihrer schönen Wangen gerühmt wird, ursprünglich eine schöne Frau war, denn mit ihr hatte der schwarzlockige Gott Poseidon sich vermählt auf weicher Wiese und in Frühlingsblumen, und so ist Medusa von diesem Gott die Mutter des Urrosses Pegasos geworden. Allein, nun war sie die Schreckenblickende, deren Anblick unfehlbar versteinte.

Zu diesen Gorgonen also mußte Perseus gelangen. Und als er nun betrübt nicht aus noch ein weiß, wie er die übermütig übernommene Aufgabe erfüllen soll, da treten hilfreiche Mächte der Götter zu ihm, um ihm unverhofft beizustehen: Hermes, der Götterbote und Totengeleiter, und die kluge menschenfreundliche Athene. Und unter dem Schutz dieser Götter gelangt nun Perseus zuerst zu den Graien, den Phorkys-Töchtern, die die Schwestern der Gorgonen sind. Sie heißen schönwangig und tragen safrangelbe Kleider, heißen auch schwangestaltig, langlebend und unsterblich, sind aber auch wieder »grau von ihrer Geburt her«, weswegen eben sie die Grauen heißen, und das Seltsame an ihnen: die drei besitzen alle miteinander nur ein einziges Auge und einen einzigen Zahn, die sie sich wechselweise ausleihen. Sie hausen in ihrer Höhle, wo hinein weder die Strahlen der Sonne noch des Mondes scheinen. Perseus muß dort hineindringen »wie ein wilder Eber«. Sie wachen auf dem Wege zu den Gorgonen, und während sie nun ihr eines gemeinsames Auge auswechseln, stiehlt es ihnen Perseus, und da sie nun blind sind und ihn nicht sehen können, so kann er an ihnen vorbei seinen Weg zu den Gorgonen fortsetzen, der ihn zunächst zu den Nereïden führt.

Diese Nereiden besaßen etwas, das Perseus unbedingt haben mußte, um die Gorgonen zu besiegen: die Hadeskappe, die Nacht um jeden verbreitet, der sie sich über das Haupt stülpt, und ihn für aller Augen unsichtbar macht, und sodann die Flügelschuhe, denn nur im Flug durch die Luft hin konnte man zu den Gorgonen kommen, und schließlich den sicheren Beutel, um das gefährliche Haupt der Medusa dort hineinzutun. Vielleicht, daß die Hades-Tarnkappe und die Flügelschuhe, die recht eigentlich in den Besitz des Hermes gehören, dem Perseus auch von diesem Gott gegeben wurden, und so-

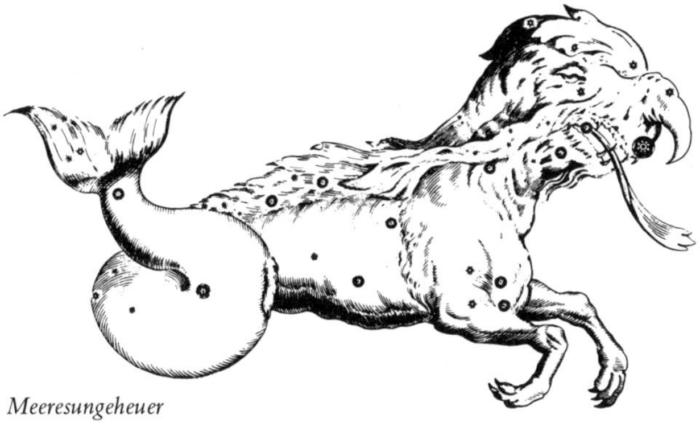

Meeresungeheuer

dann auch das alte Sichelschwert, das der Schmiedegott Hephaistos aus allerbestem Stahl verfertigt hatte. Perseus jedenfalls band die Flügelschuhe an seine Füße, warf den Beutel über seine Schultern, stülpte die Hadeskappe über sein Haupt und flog,so aufs beste ausgestattet, nun geradeswegs zum Okeanos und zu den Gorgonen, und Hermes und Athene folgten ihm.

Nun zeigten ihm die Götter, wie er die Tat ausführen mußte: daß er das Haupt der Gorgo mit abgewendetem Gesicht abschlagen mußte und sie nur im Spiegelbild seines blanken Schildes sehen durfte, um nicht auch selbst versteint zu werden. Und so tat er, und die Tat gelang.

Perseus steckte das Haupt der Gorgone Medusa in den Beutel, den ihm die Nereiden zu diesem Zweck gegeben hatten, und floh, denn schon erhoben sich die andern beiden, unsterblichen Gorgonen und verfolgten ihn. Jedoch Perseus hatte sich die Hadeskappe über den Kopf gestülpt, und so war Nacht um ihn, und sie konnten ihn nicht sehen. Rasenden Laufes entfloh er durch die Lüfte, und die Gorgonen, vor Wut zischend, hinterher. Und Perseus, die geflügelten Schuhe an den Füßen und um die

Schultern am Tragriemen sein Schwert, flog gedankenschnell dahin, auf seinem Rücken das Haupt der Gorgo in dem Beutel, der, ein Wunder anzusehen, von Silber war und mit Quasten behangen, hellschimmernden, goldenen, um seine Schläfen aber saß die Hadeskappe, und um sie her war das schreckliche Dunkel der Nacht. So flog er eilends und wie von Entsetzen getrieben dahin, der Danae Sohn. Und die Gorgonen hinter ihm her, die Unnahbaren, voller Begierde, ihn zu greifen. Es ist das Bild des fliegenden Perseus, an das wir noch heute denken sollen, wenn wir des Sternbild oben am Himmel sehen.

Indessen ereignete sich, als Perseus der Gorgone Medusa das Haupt abschlug und es in seinem Beutel barg, noch etwas anderes Wunderbares. Es gab unter den Flötenspielern, die in Hellas mit aller Kunst die Flöte spielten und in den musischen Kämpfen Sieger blieben, eine Weise, die nannte man, weil sie viele Melodien in sich vereinigte, die Vielhäupterweise. Diese Weise erfand, so erzählt man, Pallas Athene, als sie den krausen Todesgesang der Gorgonen vernahm und ihn zusammenflocht, der den unnahbaren Schlangenhäuptern der Jungfrauen entströmte, als Perseus der Medusa das Haupt abschlug und dabei aufjubelte, daß er nun der Insel Seriphos im Meer und ihren Leuten die geforderte Liebesgabe bringen werde. Fürwahr, das göttliche Geschlecht des Phorkys löschte er aus und brachte dem Gastmahl des Königs Polydektes ein schlimmes Ende und der Mutter dauernder Knechtschaft und erzwungenem Ehebette, indem er der schönwangigen Medusa Haupt raubte, er, der Sohn der Danae, von dem wir sagen, daß er aus fließendem Gold entsprossen sei. Doch als die Göttin nun aus diesen Mühen den lieben Mann errettet hatte, da schuf sie die allstimmige Flötenweise derart, daß sie die starktönende Klage, die aus der Gorgonen bebenden Kiefern entpreßt

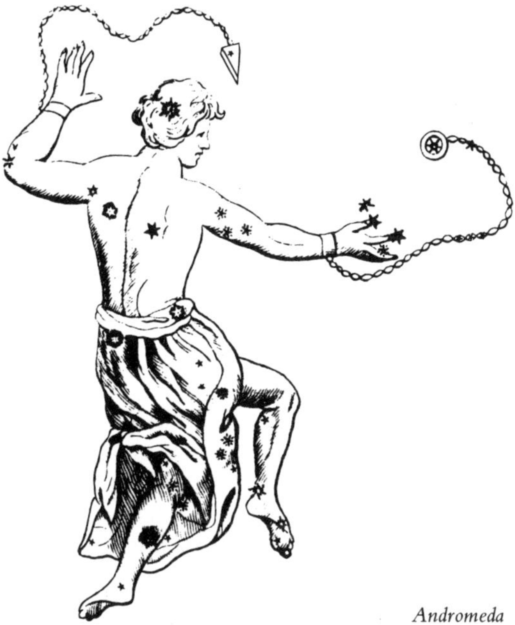

Andromeda

ward, nachahmte mit Instrumenten. Die Göttin erfand es. Und als sie es erfunden hatte, damit sterbliche Menschen es haben sollten, benannte sie die Weise Vielhäupterweise, die durch dünnes Erz hindurchstreicht, dicht gedrängt, und durch Rohre, wie sie bei der reigenschönen Stadt der Anmutgöttinnen wachsen im Bezirk des Baches Kephisos, als treue Zeugen und Begleiter derer, die den Reigen aufführen.

Perseus aber, nachdem er der Gorgone Medusa das Haupt vom Rumpf abgeschnitten hatte, ist nach der Insel Seriphos zurückgeflogen und hat dann dort dem schlimmen König Polydektes mit seinem Volk für die Schmach, die er der Mutter Danae angetan hatte, den

Tod der Versteinerung gebracht, indem er ihnen das Medusenhaupt hinhielt.

Wie sich versteht, ist so ein weiter Flug für die Sagendichter eine gute Gelegenheit gewesen, den Perseus auch noch anderes erleben zu lassen. Und so dichten Spätere, daß Perseus auf seinem Flug von der Erlegung der Medusa in die Heimat von den Winden über das ganze Erdenrund getrieben wurde, bald hierhin und bald dorthin, wie eine Regenwolke, daß er dreimal an dem nördlichen Bären, dreimal an den Zangen des Krebses vorbeikam und sich schließlich ermüdet bei dem Riesen Atlas niederließ, den er, als dieser ihn nicht aufnahm, nun auch mit dem Medusenhaupt zu einem Berg, dem Atlasgebirge, wie es noch heute hoch dasteht, versteinte, um dann weiterzufliegen bis zu den Aithiopen.

Dort aber sah er am Rand des Meeres die an einen Felsen gefesselte wunderschöne Königstochter Andromeda. Diese Andromeda war dort am Meergestade von ihrem Vater, dem König Kepheus, notgedrungen zum Fraß für das Meeresungeheuer ausgesetzt worden, das der Gott des Meeres, Poseidon, dem Land geschickt hatte. Sie sollte durch ihr Opfer dem Lande Rettung bringen. Kassiopeia nämlich, die Mutter der Andromeda, war eine überschöne Frau und hatte im Übermut des Gefühls ihrer Schönheit sich den Meeresjungfrauen, den Nereiden, an Schönheit gleichgestellt, und zur Strafe dafür hatte der Gott Poseidon jenes fürchterliche Untier ausgesandt, das das Land verwüstete und allein durch das Opfer einer Jungfrau zu begütigen war. Und nun stößt Perseus aus der Luft herab, erfährt von der Jungfrau ihr trauriges Schicksal, beginnt sie zu lieben und gewinnt ihre Liebe, befreit sie von ihren Fesseln, kämpft mit dem Ungeheuer, als es herankommt, um sich der Jungfrau zu bemächtigen, und bedient sich nach einem alten Vasenbild, auf dem der Vorgang dargestellt ist, zum Kampf

Pegasos

mächtiger Steine, die ihm die Jungfrau Andromeda herbeischleppt, und gerät wohl auch in schlimmste Gefahr, weil das Untier gewaltige Wassermassen auf ihn speit und ihm in der Luft die Flügel schwer macht, bis es ihm schließlich gelingt, im Flug aus der Luft herab dem Untier mit seinem Sichelschwert den Garaus zu machen. Perseus, als nun der ungeheure Leib des Untiers kraftlos und entseelt von den Brandungswellen am Gestade hin und her geworfen wird, erbittet die befreite Jungfrau bei ihrem herangeeilten Vater Kepheus für sich zur Frau, der schließlich einwilligt, als auch das Mädchen entschieden ihren Retter zum Gatten wählt, und führt sie mit sich in das heimatliche Argos.

Die beiden Tragiker Sophokles und Euripides haben die Geschichte je in einer ihrer Tragödien dargestellt, und die Andromeda-Tragödie zumal des Euripides hat sehr gefallen. Sie galt als eins der schönsten Stücke dieses großen Dichters. Da sah der Zuschauer zuerst die einsame, gefesselte Andromeda an dem Gestade und vernahm, wie das dem Tod geweihte Mädchen zunächst allein gelassen nur mit dem Echo, dann zusammen mit dem Chor der Freundinnen ihr kummervolles Schicksal beklagte. Nicht zum Reigentanz stünde sie da, sondern in feste Fesseln eingeschnürt dem Untier zum Fraß, und nicht mit hochzeitlichen Heilsgesängen, nein, mit dem Gesang der Gefangenen sollten die Freundinnen sie beklagen, wie elendig sie leide, die Elendige. Der durch die Lüfte auf einer Flugmaschine herbeigekommene Perseus hält die Jungfrau, die erschöpft verstummt ist, zunächst für ein von selbst gewachsenes Bild von Stein. Dann ergreift ihn das Mitleid, und aus dem Mitleid erwächst die Liebe zu der schönen Unglücklichen. Sie sagt ihm zu, daß sie ihm folgen wolle, ob nun als Dienerin oder auch als Gattin. Der Vater Kepheus tritt hinzu, und es gab in der Tragödie, wie das Drama es erfordert, noch einige Verwicklungen. Doch dann bestand Perseus den Kampf mit dem Ungeheuer, wovon wohl der packende Bericht eines Boten den Zuschauern Kunde gab, und eine schöne, bewegende Szene muß es gewesen sein, in der dann die Jungfrau in einer wohlgesetzten Rede dem Vater ihren Entschluß kundgab und ihn auf das zwingendste begründete, daß sie ihrem Retter als Gattin folgen müßte.

Um schließlich die ganze Geschichte abzurunden, so gelangt Perseus, nachdem er sich, wie schon berichtet, an König Polydektes auf Seriphos und seinem Anhang gerächt und den guten Diktys zum König über die Insel eingesetzt hatte, mit seiner Mutter Danae wieder nach Argos. Dort flieht der Großvater Akrisios vor ihm und gelangt nach Thessalien. Perseus folgt ihm dorthin und zerstreut die Sorgen des Alten, doch trifft er ihn später von ungefähr in Sportspielen mit einer schweren, ehernen Wurfscheibe am Fuß, und an dieser Verletzung siecht Akrisios hin und stirbt, so daß auch jenes anfängliche Orakel, daß der Enkel Perseus den Großvater töten werde, das Orakel, das all jene wundersamen Leiden wie

Schicksale heraufgeführt hatte, am Ende seine Erfüllung findet.

Soviel über die Geschichte von Perseus und Andromeda, wie wir sie noch heute in den Sternbildern an unserm Himmel festgehalten sehen, und wie sie – um auch daran zu erinnern – wohl wegen des ebenso Plastischen wie Wunderbaren, das sie an sich hatte, auch in unserer großen abendländischen Malerei zumal in mehreren Gemälden des Rembrandt wie des Rubens wiedererstanden ist.

Über Pegasos haben wir schon gesagt, daß er in die ganze Sterngruppe hineinkommt, weil er, dies geflügelte Wunderpferd, zusammen mit dem Chrysaor, »Goldschwert«, ein Kind der Gorgone Medusa ist. Pegasos war bei den Griechen noch nicht das wohlbekannte Dichterpferd, wiewohl es mit seinem mächtigen Huf an dem Helikon-Gebirge die Roßquelle bei Thespiai geschlagen hatte, um welche Quelle die Musen ihre Reigentänze aufführten. Pegasos war in seinem Ursprung ein göttlich dämonisches Wesen, das letztlich aus dem Morgenlande stammte. Es wohnt bei den Göttern, trägt den Blitz und den Donner des Zeus, und der Held Bellerophontes hat es bestiegen und auf seinem Rücken die feuerschnaubende Chimaira, die vorn Löwe, hinten Drache und in der Mitte Ziege war, bekämpft. Sogar zum Himmel wollte Bellerophontes auf dieser lebendigen Flugmaschine dringen, was diesem Übermütigen aber übel ausging. Er stürzte auf seinem Fluge ab, und das Roß Pegasos kehrte wieder zu den uralten goldenen Krippen des Zeus im Olymp zurück und wurde, weil es ein so wundersames Tier war, am Ende als göttliches Roß nicht weit entfernt von der Gruppe jener fünf Sternbilder, über die wir gehandelt haben, bis auf den heutigen Tag als das Wunderroß, das es einmal war, an den Himmel versetzt.

DIE ZWILLINGE

Das Sternbild der Zwillinge ist an unserem Sternhimmel schon deshalb gut bekannt, weil viele Menschen unter diesem Sternbild geboren sind, da es zu den Bildern des Tierkreises gehört, und sich mit ihrem Wesen und Schicksal gern den beiden Zwillingen verbunden fühlen. Von Ende Dezember bis Mitte Mai sind sie ungefähr zwischen Fuhrmann und Prokyon, dem kleinen Hund, mit ihren bekannten beiden Hauptsternen gut zu erkennen, wenn wir auch nicht gerade sehen, wie es die alten Himmelsgloben darstellten, daß eng verbunden da am Himmel zwei Jünglingsgestalten in heroischer Nacktheit stehen und wie sie einer den Arm um den Hals des anderen geschlungen haben. Denn ein hohes Bild nicht nur der engen Blutsverwandtschaft, sondern vor allem einer einzigartigen Bruderliebe stellte dieses Sternbild den Griechen dar. Und wir werden noch sehen, wie grade dieser Gedanke auch in den alten Sagen, die an das Brüderpaar anknüpften, immer deutlicher hervortrat.

Zwillingspaare haben wegen des Wunderbaren der Ähnlichkeit und vielfältigen Zusammengehörigkeit zweier Menschen überall auf der Erde, bei Primitiven, Orientalen und auch in unserem Europa, stets die größte Beachtung auf sich gezogen und so die Phantasie der Erzähler wie der Dichter stark beschäftigt. So gab es in Griechenland nicht nur das berühmte Zwillingspaar der Dioskuren, Zeussöhne, Kastor und Polydeukes, man kannte noch eine ganze Reihe anderer Zwillinge in der

Heroenwelt. Und wenn man schon frühzeitig bei den Griechen am Himmel das Zwillingsgestirn bemerkt hat und es bezeichnete, so nannte man es zunächst einfach: die Zwillinge (Didymoi), ohne nach einem besonderen Namen zu fragen und eine besondere Geschichte daran zu knüpfen. Als man später dazu gelangte, ganz bestimmte Zwillinge in dem Sternbild zu erkennen – es war dies wahrscheinlich erst in der Zeit nach dem großen Alexander –, da waren es zunächst auch noch nicht gerade Kastor und Polydeukes, die man in den beiden Sternen sah, sondern daneben oder wohl gar schon früher ein anderes bedeutendes Zwillingspaar der griechischen Sage: Amphion und Zethos, die thebanischen Zwillinge. Ihre Geschichte ist bemerkenswert genug. Und da diese beiden thebanischen Zwillinge noch in einer bebilderten Handschrift aus karolingischer Zeit deutlich mit dem Sternbild der Zwillinge verbunden sind, so wollen wir zunächst ihre Geschichte erzählen.

Sie nimmt ihren Anfang daher, daß die schöne Antiope, Tochter des Nykteus, vor ihrem Vater fliehen mußte. Der höchste Himmelsgott Zeus hatte ihr in Liebe beigewohnt, und als sie fühlte, daß sie Mutter wurde, fürchtete sie sich vor ihrem Vater, der sie bedrohte, und floh zu Epopeus, dem Beherrscher Sikyons, der sie zu seiner Gemahlin machte. Als es mit Nykteus aber im Gram über die, wie er meinte, ungeratene Tochter zum Sterben kam, trug er seinem Bruder Lykos auf, Antiope zu bestrafen. Lykos zog gegen Sikyon, eroberte die Stadt, erschlug den Epopeus und führte Antiope als Gefangene mit sich fort. In der Gegend des Kithairon-Gebirges brachte die Arme heimlich zwei Knaben zur Welt und ließ sie dort an einer öden Stelle zurück. Die Knaben werden von einem Rinderhirten gefunden, der sie großzieht und ihnen die Namen Zethos und Amphion gibt, in denen er die Not der Mutter, ihr Suchen nach einer Stelle, wo sie gebären könnte, ihre Niederkunft am Wege festhält. Lykos indessen hielt die Antiope in strenger Haft. Allein, nicht genug des Unglücks: die Frau des Lykos, Dirke, schöpfte Verdacht, ihr Gatte Lykos pflege mit der schönen Gefangenen ein heimliches Verhältnis. Und so verfolgte sie diese bis aufs Blut und peinigte sie, wie sie nur konnte. Nach Jahren gelingt es endlich der Antiope, zu entfliehen. Sie gelangt in das Kithairon-Gebirge und dort zu eben jener Hütte, in der ihre nun herangewachsenen Söhne leben, die sie aufnehmen und ihr Schutz gewähren. Auch Dirke kommt, als man in den Bergen dem Dionysos ein Fest begeht, dorthin, entdeckt Antiope, erklärt sie als ihre Sklavin und verlangt von den beiden jungen Hirten, daß diese die eigene unbekannte Mutter töten. Doch da entdeckt im letzten, schwersten Augenblick der alte Hirte die Herkunft der beiden Söhne, und diese rächen nun die Mutter und binden die schlimme Dirke an die Hörner eines wilden Stiers und lassen sie von diesem zu Tode schleifen. Auch Lykos, der hinzukommt, wird von den beiden jungen Hirten überwältigt, jedoch am Leben gelassen, als er sich dazu versteht, auf Befehl des Gottes Hermes seine Herrschaft über die Stadt Theben den beiden Zwillingen zu übergeben. Und nun befiehlt Gott Hermes den beiden Zwillingen, die noch unbewehrte Stätte ihrer künftigen Herrschaft mit einer starken Mauer zu umgeben. Sie gehen ans Werk, aber auf verschiedene Weise. Denn diese Zwillinge Amphion und Zethos – das ist das Besondere an ihnen – sind bei aller brüderlichen Verbundenheit doch wieder sehr verschieden. Zethos, kräftig und derb, geht ganz im harten, freien Leben des Hirten und Jägers auf. Er wird von dem Tragiker Euripides gedeutet als der Mann eines handkräftigen, praktischen Lebens. Amphion, zart, besinnlich, liebt die Betrachtung und ist ein Freund der Musen. Und Hermes oder die Musen oder

Gott Apollon haben ihm die Leier geschenkt und ihn im Spiel des Instruments unterwiesen. Und als die Zwillingsbrüder nun daran gehen, die Ringmauer der Stadt Theben zu errichten, da müht Zethos sich mächtig und mit ganzer Kraft, um die Felsblöcke für den Mauerbau herbeizuschaffen, Amphion aber hat die Leier, die, wenn er sie zum Preis der Götter rührt und dazu singt, nicht nur die größten Bäume, sondern auch Felsen bewegt. Und während der tatkräftige Bruder sich gewaltig anstrengt, braucht Amphion der Leier nur den göttlichen Wunderton zu entlocken, und schon fügen und schichten sich die gewaltigsten Blöcke und das Holz unter den Klängen seines Spiels von selbst zusammen, ja man erzählt sogar, der harmonische Wohllaut der Leier in seinen Händen brachte zweimal soviel Felsblöcke in Bewegung und schichtete sie harmonisch aufeinander, als Zethos mit aller Kraft zusammenschleppen konnte. – Die Geschichte ist,wie man von selber sieht, ein bemerkenswerter Ausdruck dafür, wie stark die Griechen die harmonisch fügende Kraft des zarten Einklangs der Apollinischen Musik empfunden haben. Was einem solchen klotzigen Mauerbau das feste, dauerhafte Gefüge gibt, ist schließlich nicht so sehr die rohe Kraft, die bloße angestrengte Tätigkeit, sondern ein Geistiges, Göttliches, Gesetzliches, welches der Grieche in dem wohllautenden Gefüge der Musik ebenso stark erlebte wie in dem die Massen überwindenden Gefüge eines Bauwerks aus schwerem Stein: Struktur, Gefüge oder eben griechisch: Harmonie. Denn Gefüge, das ist Harmonia, die als lebendige, weibliche Gestalt auch die Gattin des Kadmos ist, der nach einer anderen Sage der Begründer und erste Beherrscher Thebens war.

Weit berühmter als das thebanische Zwillingspaar Amphion und Zethos sind die lakedämonischen Zwillinge Kastor und Polydeukes, die Zeussöhne, die Dioskuren. Die Gestalt dieser beiden Zwillinge war tief in dem alten griechischen Volksglauben verwurzelt. Und so ist auch ihre Geschichte wundersamer, vielgestaltiger, menschlich bedeutsamer, und es erscheint ganz in der Ordnung, daß schließlich diese lakedämonischen Dioskuren in den Zwillingen des Himmels wiedererkannt wurden, wie wir das auch noch bis zum heutigen Tage tun.

Hier ist zunächst das Wichtige zu vermelden, daß die beiden Zeussöhne, Kastor und Polydeukes, im Glauben des Volkes schon seit sehr früher Zeit weithin als die »Retter« lebten. Kastor und Polydeukes sind vor allem für den Seefahrer auf dem Meer die Retter aus Seenot. In den St. Elms-Feuern, wie wir heute sagen, erscheinen die beiden Jünglinge dem schwergeprüften Seefahrer bereits wie Sterne, und er betet und ruft zu ihnen, den Zeussöhnen, wenn die winterlichen Sturmwinde über das unmilde Meer heranbrausen; man tritt dann an das äußerste Ende des Hinterdecks, bringt ihnen ein Opfer von weißen Böcken dar: und dann kann es sein, daß sie plötzlich erscheinen, mit goldgelben Flügeln durch den Luftraum fliegend, und auf einmal das Wehen der heftigen Winde stillen und die Wellen um das Schiff glatt machen, die schönsten Zeichen für den Seemann, und das ist dann für den Schiffer die Wende der Mühsal. – Aber auch aus anderen Gefahren, wenn alles auf des Messers Schneide steht, erscheinen diese beiden Göttersöhne als »Retter der Menschen« bei manchen Gelegenheiten, und so vor allem auch in den großen Schlachten. Wunderbare Geschichten werden da von ihnen bis tief hinab in die historische Zeit erzählt. Vor der Schlacht von Aigospotamoi, in der der Spartaner Lysandros im Jahre 405 vor Christus die Athener entscheidend schlug, sollen auf dem Flaggschiff des Lysandros zu beiden Seiten des Steuerruders Sterne erschienen sein, die man nach dem

Glauben als Kastor und Polydeukes deutete. Und so wurden an der Statue des Lysandros, die als Dank für den Sieg nach der gewonnenen Schlacht die Lakedämonier nach Delphi stifteten, zwei goldene Sterne angebracht, als Zeichen der rettenden Dioskuren. Und als hernach in der unglückseligen Schlacht bei Leuktra die Spartaner von den Thebanern geschlagen wurden, da sollen auf eine geheimnisvolle Weise diese Sterne von der Statue herabgefallen und verschwunden sein. Oder: als die Lokrer gegen die übermächtigen Krotoniaten eine Schlacht zu schlagen hatten und sich um Hilfe an die Spartaner wandten, sollen diese ihnen geraten haben, sich an die Dioskuren zu wenden, und richtig erschienen diese in der Schlacht und verhalfen den Lokrern zum Sieg. Auch als nach der Vertreibung des Königs Tarquinius des »Übermütigen« der junge Freistaat Rom sich in der Schlacht am See Regillus für seine ganze Zukunft zu wehren hatte, auch da, so erzählt die Legende, sind auf weißen Pferden plötzlich zwei schöne, große Jünglinge erschienen, die die Römer zum Sieg führten und, als dieser für die Römer gesichert war, wieder ebenso schnell verschwanden, wie sie gekommen waren. Doch standen plötzlich zwei junge Krieger in Rom auf dem Forum und tränkten ihre Rosse in dem Brunnen der Göttin Juturna und verkündeten der sich um sie versammelnden Menge des Volks den Sieg. Der Brunnen der Juturna ward alsbald für heilig erklärt und neben ihm der Tempel gebaut, den die Römer in der Schlacht bereits den Dioskuren versprochen hatten. Auf einem Felsen am See Regillus aber wurde noch in späterer Zeit die Hufspur des einen Pferdes jener helfenden Jünglinge den Menschen gezeigt. Noch in der Schlacht bei Pydna, in der im Jahre 168 vor Christus Aemilius Paullus den Makedonenkönig Perseus schlug, und ebenso, als die Römer gegen die Cimbern kämpften und siegten, wollte man auf römischer Seite die Dioskuren gesehen haben, als jene göttlichen Jünglinge, die der guten Sache beistanden und halfen.

Diese »Retter« werden wie sonst nur wenige andere Götter von den Menschen zu Gastmählern, den sogenannten Götterbewirtungen, Theoxenien, geladen. Man stellte ihnen bei den Mählern einen besonderen Tisch mit zwei Henkelkrügen und Speisesofas hin, und so gehen solche, die die Dioskuren auf diese Weise reichlich ehren, wie Pindar berichtet, wohl auch bei den großen sportlichen Wettkämpfen der Griechen als Sieger hervor. Auch von geheimnisvollen Besuchen der Retter wird erzählt, und besonders berühmt ist die Geschichte, die der Chorlyriker Simonides im 6. Jahrhundert erlebt hat. Dieser Dichter hatte einmal in einem Lied für einen sportlichen Sieger die beiden göttlichen Dioskuren weit mehr bedacht, als dem Besteller dieses Liedes recht war. Der, ärgerlich, verweigerte dem Dichter den halben ausbedungenen Lohn und sagte, daß er sich für die andere Hälfte an die von ihm so übermäßig gepriesenen Dioskuren halten sollte. Wie nun alles beim Siegesmahl saß, wurden zwei Reisende gemeldet, die draußen stünden, von Staub bedeckt, und dem Dichter Simonides etwas zu sagen hätten. Simonides geht hinaus, in diesem Augenblick stürzt hinter ihm der Saal zusammen und begräbt den Gastgeber und die Gäste, und nur er selber bleibt verschont. Die seltsamen Reisenden waren verschwunden. Jedoch als Simonides den Vorfall bedachte, sah er, daß das die andere Hälfte des Lohns gewesen war, die die Dioskuren ihm selber persönlich erstattet hatten.

Vielleicht waren die Retter, die als leuchtende Sterne über dem Meer oder als Jünglinge auf weißen Pferden in der Schlacht erschienen, ursprünglich einmal nur irgendwelche geheimnisvolle Doppelgottheiten, ohne näher bestimmten Charakter, ohne Geschichte und ohne

Namen. Doch erscheinen sie für uns am frühesten greifbar bereits bei Homer begabt mit menschlicher, fester Gestalt und in klar umrissener Erscheinung: als »Kastor, der Rossebändiger« und »Polydeukes, tüchtig im Faustkampf«. Auch sind sie in der Ilias Homers bereits die Brüder Helenas, die, als sie von Trojas Mauern im dritten Gesang der Ilias den Troern draußen im Feld die Helden der Griechen weist, die beiden Brüder im Heer nicht sehen kann, denn sie sind, wie der Dichter bemerkt, zur Zeit des Troischen Krieges bereits gestorben und ruhn in der Erde, die das Getreide wachsen läßt, in Lakedämon in ihrem väterlichen Boden. Sie haben nämlich ihr Grab in Therapnai, wo auch eine alte Kultstätte von ihnen ist. Der Dichter des zweiten Homerischen Gedichts, der Odyssee, führt dieses weiter. Er berichtet das für die Sage der Dioskuren so Wichtige: daß sie auch unter der Erde von Zeus die Ehre empfangen haben und Tag um Tag einmal unsterblich leben und dann wieder tot sind, und so Ehre empfangen haben gleich den Göttern. Und der Dichter nennt an der gleichen Stelle seines Gedichts auch ihre Mutter Leda, die als das Weib des Tyndareos diese beiden Söhne geboren habe, Kastor, den Rossebändiger, und Polydeukes, den im Faustkampf Guten. Nur daß um die Geburt dieser beiden ein Geheimnis war und sie nicht beide die Söhne des sterblichen, rechtmäßigen Gatten der Leda, des Tyndareos, waren, sondern der eine, Polydeukes, vielmehr der Sohn des Himmelsgottes Zeus. Nach dem Homerischen Hymnos auf die Dioskuren freilich hatte der dunkelwolkige Zeus sich mit der schlankfüßigen Leda unter dem Gipfel des hohen Gebirges in Lakedämon, Taygetos, in Liebe vereinigt und dabei die beiden, den Kastor und den Polydeukes, gezeugt, die somit beide Dioskuren, Söhne des Zeus, waren. Allein man dachte über ihre Geburt auch anders und erzählte, daß Zeus, der in Liebe zu der schönen Leda entbrannt war, ihr, als sie sich einmal im Flusse badete, als schöner Schwan erschien, der sich ihr nahte und sich in dieser Gestalt mit ihr vereinigte. Man erzählt weiter, daß in der Nacht, in der Zeus sich mit Leda vereinigt hatte, auch ihr Gatte Tyndareos der Leda beiwohnte und sie nun von Zeus die gottentsprungenen Kinder Helena und Polydeukes, von dem Tyndareos aber die sterblichen Kastor und Klytaimestra geboren habe. Oder daß sie, die Frau, ein Ei gebar, aus dem dann Helena und Polydeukes, die göttlichen Kinder, entsprangen. Jedenfalls sind in dem Zwillingspaar des Polydeukes und des Kastor in einer höchst wunderbaren Weise zwei Wesen auf das innigste als Zwillingsbrüder verbunden, die andererseits doch wieder auf das tiefste dadurch getrennt waren, daß der eine als Sohn des Himmelsgottes zur Unsterblichkeit vorbestimmt war, der andere als der Sohn des Tyndareos aber Mensch und der Sterblichkeit verfallen war.

Mit dem sprichwörtlichen Ei der Leda hat es freilich noch seine besondere Bewandtnis. Denn vielleicht stammte dieses Ei gar nicht von Leda, sondern hinter der Sage, wie Zeus Leda als Schwan besucht, der sich von einem Adler verfolgt in ihren Schoß flüchtet, steht vielleicht eine andere Geschichte, in der Leda erst die zweite Rolle spielt. Nach dieser Geschichte erfaßte den Zeus ein leidenschaftliches Verlangen nach Nemesis, der Tochter der Nacht, der Göttin des Zornes und der Rache, die überall dann entspringt, wenn Themis, die Göttin des Rechtes und der naturgemäßen Ordnung, verletzt wird. Und als Zeus die Nemesis nun von ihrer Mutter Nacht nicht erlangen konnte und Nemesis in Zorn und Scham vor ihm floh, da verfolgte er sie, doch Nemesis verwandelte sich zuerst in einen Fisch und sprang ins Meer. Und als Zeus nun die Gewässer aufwühlte, sprang sie wieder ans Land und verwandelte sich in die verschiedensten Erdentiere. Am Ende nahm sie die Gestalt einer Gans an.

Da verwandelte sich Zeus in einen Schwan, und als Schwan erreichte er sie und vermählte sich mit ihr. Nemesis aber gebar ein Ei, das sie versteckte, wahrscheinlich unter blauen Hyazinthen. Und dieses Ei fand Leda nun, so wie die Dichterin Sappho es noch in einem Fragment bezeugt: »Sie sagen, es habe Leda einst versteckt unter Hyazinthen ein Ei gefunden.« Oder es hieß auch, ein Hirte fand das Ei im Wald und im Sumpf und brachte es der Königin Leda, oder der Gott Hermes warf dieses Ei der Leda in den Schoß, wo es dann aufsprang. Es ist dies deutlich eine Geschichte, die verschiedene Sagenelemente, urtümlich-naive und bereits denkerisch überlegte, verbunden hat. Denn diesem uralten Ei der Rache- und Unheilsgöttin Nemesis entsprang Helena, von der das große Unheil des Troischen Krieges über die Menschheit gekommen ist. Doch waren auch die Dioskuren nun einmal sehr früh mit Helena verbunden. Den Schwan aber, in welchen Zeus sich verwandelt hatte, um sich mit Nemesis oder mit Leda zu vereinigen und so der Vater der Dioskuren und der Helena zu werden, versetzten die späteren Griechen zusammen mit den Zwillingen Kastor und Polydeukes an den Himmel. Dort ist er als das markante Sternbild des Schwans in nicht gar zu weiter Entfernung mit jenem Adler verbunden, vor dem der Schwan sich nach einigen Spielarten der Sage in den Schoß der Leda flüchtete. Soviel über die wunderbare Entstehung der Dioskuren, wie wir sie am Himmel stehen sehen.

Was aber das Leben der beiden Zwillingsbrüder angeht, so war dieses ein rechtes Heldenleben. An nahezu allen großen Heldenzügen der Griechen in ihrer heroischen Vorwelt sind sie beteiligt worden. Sie nahmen an der Fahrt der Argonauten nach Kolchis teil, und als das Schiff Argo im Bosporos zu den Bebrykern kam, da war es Polydeukes, der im Kampf mit dem Bebrykerkönig

Amykos seine Meisterschaft im Faustkampf bewies und den Amykos niederstreckte. Auch an der großen Jagd der frühen Griechen nach dem Kalydonischen Eber nahmen die Dioskuren teil und ebenso an den Leichenspielen für Pelias, den Beherrscher von Iolkos, der seinen Neffen Iason, um ihn zu verderben, nach dem goldenen Vlies in das ferne östliche Kolchis ausgesandt hatte.

Eine echte brüderliche Ritterlichkeit, wie diese den älteren Brüdern gegen die jüngere Schwester so wohl ansteht, bewiesen sie, als ihre Schwester Helena noch als ganz junges, zwölf- oder siebenjähriges Reh von Theseus, dem Athener, und seinem Waffenbruder Peirithoos entführt worden war, als sie im Heiligtum der Artemis Orthia tanzte. Es war nicht leicht, die geraubte Schwester aufzufinden, die ihr Entführer Theseus auf der attischen Burg Aphidnä unter der Obhut seiner Mutter Aithra als Wärterin verborgen hatte. Allein als Theseus und sein Freund Peirithoos zum Hades in die Unterwelt aufbrachen, um für Peirithoos die Göttin der Unterwelt, Persephone, als Gemahlin zu holen, da nutzten die beiden Dioskuren das Fernsein der Räuber aus, denen ihr Unternehmen in der Unterwelt nicht gut geriet, verwüsteten das attische Land, bis ihnen das Versteck der Schwester verraten wurde, und holten sie wieder heim. Im übrigen aber zogen die Dioskuren natürlich auch selber auf Raub aus, der ja in dem Kreise jener Heroen etwas durchaus nicht Anrüchiges war, und dabei bekamen sie es nun mit den Söhnen des Aphareus, Idas und Lynkeus, zu tun, auch diese ein Zwillingspaar, von denen der eine, Idas, den Gott Poseidon zum wahren Vater hatte, Lynkeus aber den Aphareus. Sie waren also ein rechtes Gegenstück zu den Dioskuren und dazu auch mit verschiedensten Kräften und Fähigkeiten ausgestattet. Idas war riesengroß, stark und ein Vielfraß, der in kürzester Zeit unendlich viel verschlingen konnte, Lynkeus aber besaß ein Auge, mit dem er so weit sehen konnte, wie er wollte, und auch durch dichte Wände hindurch in das Verborgene. Eine ganze Zeit lebten die Zeuszwillinge aus Lakedämon, Kastor und Polydeukes, und die Poseidonzwillinge aus Messenien, Idas und Lynkeus, miteinander im besten Einvernehmen. Doch als sie einmal gemeinschaftlich auf einen großen Rinderraub ins nördliche Nachbarland Arkadien aufgebrochen waren und mit reicher Beute wieder nach Hause kamen, da machten sie aus, daß man ein Rind in vier Teile zerlegen sollte, und jeder von den vier sollte sich daran machen, sein Teil zu verzehren. Wer zuerst sein Teil verzehrt hatte, sollte die Hälfte der ganzen geraubten Herde erhalten, wer der Zweitschnellste im Essen sei, die andere Hälfte. Da aß Idas so ungeheuer schnell, daß er nicht nur am frühesten mit seinem Teil fertig war, sondern auch noch seinem Bruder essen half, so daß die beiden die ganze Rinderbeute für sich ergatterten und die Dioskuren leer ausgingen. Dies war der Anfang des schweren Zerwürfnisses zwischen den beiden Zwillingspaaren, das ihnen später so schlimm ausgehen sollte. Ein anderer Raubzug, den die Dioskuren ausführten, galt einem zarteren Wild als Rinderherden, da ging es um Brautraub; so überraschten sie auf ihren weißen Pferden die beiden schönen Töchter des Leukippos, Phoibe und Hilaeira, als die Mädchen sorglos sich an Reigentanz und Blumenpflücken erfreuten. Nun gaben sie aber einige Zeit später ein Gastmahl, bei dem auch Paris und Aineias aus Troja gewesen sein sollen, gerade als Paris auf den Raub der Helena ausging, außer den beiden Troern aber auch Idas und Lynkeus, die Apharetiden. Beim Weine beginnen diese nun, die Dioskuren zu schmähen und zu hänseln, sie hätten für ihre Frauen nicht einmal den Brautkauf zahlen können, und die Dioskuren wollen diesen Schimpf nicht auf sich sitzen lassen, sie gehen heimlich hin und stehlen den Apharetiden ihre Rinderherde – vielleicht die gleiche, die sie mit jenen zusammen in Arkadien geraubt hatten und um die sie gekommen waren. Und diese Rinder bieten sie nun dem Schwiegervater Leukippos nachträglich als Brautkauf für seine Töchter an.

Der düstere Ausgang der Geschichte, der zugleich den herrlichsten Beweis der edelsten Bruderliebe gibt, ist von dem Dichter Pindar in seiner zehnten Nemeischen Ode dargestellt, die einem Sieger im Ringkampf, dem Argiver Theaios, gewidmet ist. Hier knüpft der Dichter daran an, daß in dem Geschlecht des Siegers die Dioskuren Kastor und Polydeukes in einer jener Theoxenien zu Gast geladen und bewirtet worden waren. Kein Wunder also, daß es diesem Geschlechte angestammt ist, tüchtige Wettkämpfer zu bilden. Denn die Dioskuren, die Herrscher des weiträumigen Sparta, sind es, die zusammen mit Hermes und Herakles das blühende Teil der Kampfspiele besorgen. Und wahrlich, treu ist der Götter Geschlecht. Und nun erzählt Pindar die Geschichte, die in der älteren Form wohl so ging, daß Kastor und Polydeukes sich nach dem Raub der Rinder der Aphareus-Söhne in einer hohlen Eiche versteckten, um ihre Verfolger Idas und Lynkeus zu täuschen. Lynkeus jedoch stieg auf den Gipfel des Berges Taygetos, wo er das ganze Land überblicken konnte, schaute sich um und entdeckte mit seinem scharfen Auge durch den Stamm der Eiche hindurch die beiden Räuber. Er zeigte die Eiche seinem starken Bruder Idas, und der lief hin, durchstieß mit seiner Lanze den harten Eichenstamm und traf den Kastor schwer. Sofort aber sprang Polydeukes, der Ledasohn, hinzu, sie flohen, und er verfolgte sie. Beim Grabmal ihres Vaters Aphareus stellten sie sich ihm entgegen und rissen den geweihten, glatten Grabstein heraus und schleuderten ihn gegen die Brust des Polydeukes. »Allein sie konnten ihn nicht zermalmen und machten ihn auch nicht wanken. Sondern anspringend mit dem raschen Speer trieb er dem Lynkeus das Erz in die Weichen, Zeus aber schleuderte auf Idas den feuertragenden, rauchenden Donnerkeil, und miteinander verbrannten die beiden einsam. Schlimm ist der Streit für die Menschen, wenn man in ihm zusammengerät mit Stärkeren. Schnell aber eilte zu dem Bruder Kastor der Tyndaride und fand ihn noch nicht gestorben, sondern in der Beklemmung des Atems röchelnd. Und heiße Tränen vergießend rief er hoch auf: ›Vater Kronion! welche Lösung wird sein der Leiden? Auch mir sende den Tod zusammen mit diesem meinem Bruder, Herr! Denn dahingeschwunden ist der Wert des Mannes, wenn man ihn seiner Freunde beraubt. Aber wenige sind so treu in der Not unter den Sterblichen, daß sie auch bereit sind, selbst den Tod zu teilen.‹ So sprach er, aber Zeus trat ihm vor das Angesicht und sprach zu ihm das Wort: ›Du bist *mein* Sohn, den anderen dort hat erst nachher Tyndareos als Ledas Gatte, sterblichen Samen, deiner Mutter nahend eingeträuft, der Held. Doch auf, über dieses gebe ich dir die Wahl: Willst du, dem Tod entronnen und dem feindseligen Alter, allein für dich den Olymp bewohnen mit mir zusammen und Athene und dem Kriegsgott Ares mit dem dunklen Speer, so sei dir dieses gewährt. Doch willst du eintreten für den Bruder und mit ihm teilen das gleiche Los, so sollst du zur Hälfte unter der Erde leben und zur Hälfte mit ihm zusammen in des Himmels goldenen Räumen.‹ Und als er so gesprochen hatte, da schwankte Polydeukes nicht, zwiespältigen Rats, in seinem Herzen, sondern sagte, daß er das zweite wolle, und bewirkte so, daß sich dem Kastor zuerst das schon todbefangene Auge und dann auch die Stimme wieder löste. Und also wohnen die beiden Brüder nun abwechselnd den einen Tag bei dem Vater Zeus im Olymp, den andern aber unten in den Klüften der Erde, in den Talmulden Therapnais, und teilen beide miteinander das gleiche Schicksal. Denn dieses, statt ganz Gott zu sein und allein im Himmel zu wohnen, wählte Polydeukes, als ihm der Bruder Kastor im Kampfe hinging.« – Das ist die Geschichte vom Ende der beiden Dioskuren, das doch kein Ende war, die Geschichte von der toderprobten Eintracht und Bruderliebe dieser beiden in Göttlichkeit und Sterblichkeit zugleich getrennten wie vereinten Heldenbrüder.

LEIER, SCHWAN, DELPHIN

Im Folgenden wollen wir die Geschichten erzählen, an die der griechische Mensch mindestens um die Zeit des großen Alexander gedacht hat, wenn er in den Sommermonaten des Abends zu dem Sternbild der Leier aufblickte, jenem nicht sehr hellen kleinen Viereck, in dem aber wie ein herrlicher Smaragd der große einzelne Stern funkelt, den wir heute nach seinem arabischen Namen Wega nennen. Die beiden Hauptgeschichten, die man an dieses Sternbild der Himmelsleier geknüpft hat, sind verschieden, ja gegensätzlich in ihrer Art und Stimmung. Die eine, ein richtiger Schwank, beschreibt, wie der Gott der Schelme und der Diebe, Hermes, kaum daß er zur Welt gekommen war, es verstand, durch sein Geschick als Erfinder wie durch seine heitere Pfiffigkeit sich den großen Bruder Apollon zu verbinden und für sich einen festen Platz unter den Göttern des Olymp zu sichern. Die andere, düstere, knüpft an den Tod des alten Sängers Orpheus an. Doch die ernste ebenso wie die heitere Geschichte haben beide ihren gemeinsamen und bedeutungsvollen Sinn: sie bezeugen beide die Macht der Musik, die der frühe Grieche so unmittelbar mit offenen Sinnen empfunden hat, ja die erste Geschichte läuft sogar auf so etwas wie die Einsetzung der Apollinischen Musik hinaus.

Hermes, der schöne jünglingshafte Gott, als der Bote

der Götter, als Totengeleiter, als Pfleger und Mehrer des Viehs, als Herr der Wanderer wie der Diebe und alles geheimen nächtlichen Treibens, als Geber glücklicher Funde in seinem späteren Wirken wohlbekannt, war der Sohn des Zeus und der schöngelockten Nymphe Maja. Im wilden Land der Wälder und der Schluchten, Arkadien, lebte diese Nymphe in einer schattigen Höhle des Kyllene-Gebirges, wo sich Zeus mit ihr in Liebe vereinigte. Das geschah in aller Heimlichkeit, denn Maja lebte versteckt in ihrer Bergwelt, sie mied die Schar der seligen Götter auf dem Olymp, und ungesehen von Menschen und Göttern, Sterblichen und Unsterblichen kam Zeus, während seine Gattin Hera gerade im Schlaf lag, heimlich zu ihr, und im zehnten Monat danach gebar sie den Hermes. Er war kaum geboren, da wuchs er auch schon nach der Art von Götterkindern ungemein schnell heran, und wenn er in der Morgenfrühe zur Welt gekommen war, so spielte er um die Mittagsstunde bereits die Leier und stahl des Abends seinem großen Bruder, dem ferntreffenden Apollon, seine Rinder. Kaum nämlich, daß er dem unsterblichen Schoß seiner Mutter entsprungen war, litt es ihn nicht in der heiligen Wiege, sondern er hatte bereits, man weiß nicht wie, die herrlichen Rinder seines Bruders Apollon im Kopf. Und so stand er auf, stieg aus der Wiege und überschritt die Schwelle jener Grotte des Berges Kyllene, in der er geboren war. Da aber sah er vor der Schwelle etwas, was den Kleinen zunächst einmal die Rinder Rinder sein ließ und auf ganz andere Gedanken brachte. Denn dort am Hoftor vor der Höhle kam ihm eine Schildkröte entgegen, die gemächlich in dem frischen Grase weidete. Und Hermes lachte: »Ei! welch ein passendes und für mich höchst brauchbares Ding!« Und er machte der Schildkröte seine Reverenz: »Heil dir, du Liebreizende an Gestalt, du Tänzerin, Genossin des Mahles! Du kommst mir gerade recht!« Und er nahm sie auf, trug sie ins Haus, nahm ihr das Fleisch und damit auch das Leben aus dem Leibe, und gedankenschnell wußte er auch schon, was er des weiteren zu machen hatte. Er spannte der Länge nach über die Schale trockene Rohre von Schilf im rechten Abstand, zog eine Rindshaut darüber, setzte Arme und einen Steg ein und spannte darüber sieben Saiten aus Schafsdarm, die zusammenklangen, und also war aus dem toten Tier die tönende Leier erfunden, so wie man dies Ereignis später in einem Rätsel festgehalten hat:

Auf allen Vieren schleicht es träg geduckt einher,
Mit kurzem Kopf und Schlangenhals, ein garstig Ding.
Doch ausgeweidet singts entseelt beseelten Sang.

Natürlich wollte das neue Spielzeug gleich probiert sein, und also schlug der kleine Gott mit einem Schlegel die einzelnen Saiten an, und sie gaben einen hellen Klang. Und gleich improvisierte unser kleiner Musikus auch ein Schelmenlied, wie es die Knaben beim festlichen Gelage singen, und sang von Zeus und der schönen Maja, wie sie sich in Liebe vereinigten, sang von der eigenen Geburt. Allein, wie Kinder nun einmal sind, wurde er schnell wieder des Spielzeugs müde. Die Rinder fielen ihm wieder ein, die er ja hatte stehlen wollen, und er hatte auch

Leier

einen so großen Appetit auf Fleisch. Und also legte er die Leier in die Wiege und machte sich auf und ging vom Hause weg auf Kundschaft. Der scharfe, listige Diebssinn regte sich in ihm, und so kam er, als eben die Sonne unterging, sicher ins Land Piërien, wo die Rinder der seligen Götter an schattigen Bergen ihre Pferche und lieblichen Weiden haben. Von diesen Rindern zählte sich der kleine Mann fünfzig Stück ab und trieb sie die ganze Nacht hindurch vom Land Piërien am Olymp weit im Norden von Griechenland bis hin nach Süden und Westen nach Pylos zum Alpheiosfluß; oder weiter. Alle seine Diebskünste bewies er schon bei diesem seinem ersten Auszug meisterhaft. Nämlich er hatte den listigen Einfall, daß er die Rinder rückwärts trieb, so daß die Hinterhufe immer vorne waren und kein Verfolger wissen konnte, wie eigentlich die Rinder gegangen waren. Für sich selber aber machte er aus Tamarisken- und Myrtenzweigen zwei große runde Sohlen, so groß wie Wagenräder, daß keiner, der diese Fußtapfen im Sande sah, an kleine, kindliche Füße denken konnte. Und derart vorbereitet, zog er in aller Heimlichkeit mit seinen Rindern von Norden nach Süden durch die griechischen Landschaften. Aber so heimlich er es tat, bei Onchestos in Boiotien wurde er von einem alten Mann gesehen – Spätere gaben ihm den Namen Battos –, der dort in seinem Weingarten arbeitete. Das war dem Hermes weniger lieb, so suchte er sich für alle Fälle zu sichern und sprach den Alten an und verhieß ihm, daß er von seinen Weinstöcken die reichste Ernte haben sollte: »Aber merk einmal auf: was du gesehen hast, hast du nicht gesehen, und was du gehört hast, hast du gehört mit tauben Ohren!« – Wir werden noch sehen, daß der Alte später dann doch nicht dicht hielt und Hermes verriet. Doch sei hier noch die andere hübsche Wendung der Geschichte eingeschaltet, nach der Hermes dem Alten eine feiste Kuh versprach

Schwan

und der Alte dann zu schweigen gelobte, wie jener Fels, auf den er zeigte. Hermes aber, der ihm nicht traute, kehrte noch einmal heimlich zurück und fragte den Alten mit veränderter Gestalt und Stimme, ob nicht ein Rindertreiber, gewiß ein Dieb, vorbeigekommen wäre. Worauf der Alte sofort alles verriet und Hermes ihn zur Strafe in jenen Fels verwandelte, bei dem der Alte geschworen hatte. Und diesen Stein nannte man dann später den »Angeber«.

Um aber in unserer Haupterzählung fortzufahren, so trieb Hermes seine Rinder weiter von einer griechischen Landschaft in die andere und gelangte gegen Morgen zu einem Hof am Alpheiosstrom, wo er sein Vieh ausruhen und es am Fluß im zarten Grase weiden ließ und tränkte. Allein, er selber hatte Hunger. So schlachtete er zwei Rinder, zog den beiden die Häute ab und legte sie auf einem Stein zum Trocknen aus. Aber nun brauchte er zum Braten des Fleisches ein Feuer, und da bewies der kleine Gott von neuem seinen Erfindersinn. Er brachte es fertig, mit Hilfe eines sehr harthölzigen Lorbeerzweigs, den er sich zurechtschnitt, und trockenen Reisigs, Feuer zu entfachen, und hatte so das Feuerzeug erfunden. Nun ging er daran, wie es sich gehört, zunächst den Göttern von dem Fleisch zu opfern. Er teilte jedem der zwölf olympischen Götter sein Teil zu und dabei, vorgreifend, auch sich selber. Das war nun allerdings unbedacht, denn da er sich selbst zusammen mit den andern als einem Gott geopfert hatte, konnte er das ihm geopferte Fleisch nicht essen, so sehr ihn danach verlangte, sondern mußte alles, auch den ihm selbst geopferten Teil, verbrennen. Doch da der Morgen nahe war, so wurde es für ihn Zeit heimzukommen. Also verwischte er die Feuerspuren sorgsam, versteckte die Rinder in einer Höhle, warf die Sandalen, die er sich gefertigt hatte, in den Fluß und gelangte diesmal ungesehen – es bellte nicht einmal ein Hund – zum Berg Kyllene, wo seine heimatliche Grotte war, schlüpfte wie ein Herbstlüftchen oder wie ein Nebel durchs Schlüsselloch, stieg wieder in seine Wiege, kroch in die Windeln und lag mit der Leier, dem geliebten Spielzeug, das er mit der Linken an sich drückte, dann wieder da, so unschuldig, wie nur ein schlafender Säugling sein kann. – Seiner göttlichen Mutter Maja aber war der nächtliche Ausflug ihres Söhnleins nicht entgangen, und sie schalt ihn »Dieb« und meinte, daß der große Bruder Apollon ihn schön strafen werde. Aber Hermes ließ sich nicht einschüchtern. Die Mutter solle nur mit ihm schelten, wie mit einem kleinen Kind. Er wisse schon, wie er es anzustellen habe, er sei nicht nur ein gewöhnlicher Dieb, sondern in diesem Fach ein Künstler und werde es mit seiner Kunst noch dahin bringen, daß sie beide, statt in der dämmrigen Höhle zu sitzen ohne ihnen dargebotene Opfergaben, sich eines Tages auf dem Olymp und im Verein der großen unsterblichen Götter satt essen und geehrt und reich sein könnten. – Indessen hatte Apollon aber bereits entdeckt, daß ihm da einer im Dunkel der Nacht die besten Rinder gestohlen hatte, und sich auf die Suche nach seinem Vieh begeben. In Onchestos in Boiotien traf er jenen Alten, der da am Rand der Straße seinen Weinberg bebaute: »Der Alte habe wohl keine krummhörnigen Kühe, fünfzig an der Zahl, gesehen?« – Der Alte meinte mürrisch, »daß er nicht alles wissen könnte, was ihm da an seinen Augen vorüberzöge, so viele kämen des Wegs, die Gutes, aber auch Schlechtes im Sinne hätten. Aber freilich, einen kleinen Knaben habe er gesehen mit Kühen, und wie er die alle, ein so kleiner Knabe, zusammenhielt, das sei ihm mehr als wunderbar vorgekommen. Einen Stekken habe er gehabt« – und er meinte den göttlichen Stab des Hermes, mit dem dieser, wie Homer sagt, die Augen der sterblichen Menschen, wie er will, verzaubert und auch wieder aus dem Schlummer aufweckt. – Da wußte der Sehergott Apollon auf der Stelle, woran er war, und ein Vogelzeichen bestätigte es ihm. Er sah, der Dieb war ein Zeussohn gewesen, und lenkte alsbald seine Schritte in die rechte Richtung, obwohl er sich die rückwärts verdrehten Fußspuren der Rinder ebensowenig zu deuten wußte wie die riesenhaften Tapfen der Sandalen. Und zum Berg Kyllene gelangt, trat er sofort über die Schwelle in die Höhle. Hermes aber, der schon von wei-

Delphin

tem den Zorn im Angesicht seines großen Bruders sah, schlüpfte noch tiefer in seine Windeln und machte sich so klein wie möglich und lag da wie ein frischgebadeter Säugling, der dabei ist, einzuschlafen, und hielt sein Schildkrötlein, die Leier, fest an sich gepreßt unter seiner Achsel. Doch Apollon ließ sich nicht irremachen, und nachdem er vergeblich in der ganzen Höhle umhergespäht hatte, ob da irgendeine Spur von Rindern zu sehen wäre, befragte er den Kleinen in der Wiege und drohte gewaltig: »in die schwarzen Tiefen des Tartaros werde er ihn stürzen, wenn er nicht klar bekennen wollte«. Der aber bewies sich, so wie vorher als Meisterdieb, nun auch als meisterlicher Lügner und stritt ab und leugnete, wie es nur eine Art hat: »Seh ich dir aus wie ein Rinderdieb, wozu doch ein großer Mann gehört? Mein Geschäft ist ein ganz anderes! Zu schlafen ist mein Geschäft und süße Milch beim lieben Mütterlein zu trinken, in Windeln zu liegen und mich in schönem warmen Wasser baden zu lassen. Erst gestern bin ich ja geboren: Ganz zart, sieh her! sind meine Füßchen, und der Erdboden ist doch so hart!« So sprach er, aber ließ dabei seine Augen listig blinzelnd hin und her gehen und spitzte auch den Mund und pfiff zuletzt auf seine eigenen Lügenreden. Da mußte Apollon lachen. Er griff in die Wiege, faßte den kleinen Burschen fest und nahm ihn hoch – ließ ihn jedoch alsbald wieder zu Boden fallen, denn flugs hatte der Unartige sich unanständig aufgeführt. Und Apollon kniete sich vor ihm auf den Boden und schalt mit ihm und sagte: »Vorwärts, mein Wickelkindchen! Laß uns suchen. Unter dem Zeichen, das du mir da gabst, werden wir auch die Rinder finden! Du aber gehst voran und weist den Weg!« Und nun rennt Hermes spornstreichs davon, wobei er die Windeln sich mit beiden Händen an die Ohren preßt und spielt den Aufgeregten, dem Unrecht geschieht, verflucht alle Kühe in der Welt und beteuert seine Unschuld. Er will von nichts wissen und verlangt, daß man vor Zeus, dem Kronionen, die Sache zur Entscheidung bringen sollte, und rennt so immer weiter, und Apollon hinter ihm her, bis sie beide zum Olymp und vor den Thron ihres Vaters Zeus gelangen. Der tut zunächst so, als ob er den Kleinen nicht kenne, und fragt den Apollon, von woher er denn diese liebliche Beute, dieses neugeborene Kind, herbrächte, und bekommt von Apollon zunächst eine lange Anklagerede zu vernehmen, die aber in allem, was sie anführt, doch den Respekt des älteren Bruders vor den Taten des Kleinen nicht verhehlt. Hermes antwortet mit einer Gegenrede, ganz juristisch, wirft dem Bruder den gewalttätigen Einbruch frühmorgens in der Grotte – und zwar ohne Zeugen! – vor und sagt, daß er ihn bedroht habe, und ruft – alles mit größter Beredsamkeit! – die Sonne und die anderen Götter an – ein Meineid! – und: Zeus habe die Pflicht, dem Jüngeren und Schwächeren beizustehen, und blinzelt bei allem listig und legt immer noch nicht seine Windeln ab, sondern hält sie sich um die Schultern, bis Zeus in ein gewaltiges Lachen ausbricht, als er sieht, wie der kleine verschmitzte Sachwalter es versteht, die ganze Sache mit den Rindern rundweg abzuleugnen. Und mahnt die beiden sodann zur Eintracht und befiehlt dem Hermes, die Rinder herbeizuschaffen. Und da Zeus diesen Befehl mit dem feierlichen Nicken seines Hauptes besiegelt, so muß Hermes gehorchen. Und so begeben sich die beiden Brüder gemeinschaftlich nach Pylos beim Alpheiosstrom, wo die Rinder verborgen sind, und als Apollon hier nun auch die Häute entdeckt, die auf dem Stein zum Trocknen ausgespannt sind, da staunt er, was der Kleine für Kräfte haben muß, daß er es fertiggebracht hat, als ein neugeborenes Kind zwei Rindern nach allen Regeln der Kunst die Häute abzuziehen. Hermes aber läßt ein neues Kunststück sehen: denn als Apollon sich

Weidenzweige abschneidet und sie zu Stricken zusammendreht, um damit die Rinder und den Dieb zu binden, da schlagen die Weidenstricke an den Füßen der Rinder auf einmal Wurzeln, senken diese tief und fest in die Erde hinein, und die Rinder stehen wie festgewurzelt da und es ist unmöglich, sie vom Fleck zu bringen. Die neue listige Fopperei erzürnt den großen Bruder mächtig, und diesmal wäre es dem Hermes wohl schlecht ergangen – da aber ergreift er, als sich ihm Apollon bedrohlich naht, die Leier und fährt mit dem Schlegel der Reihe nach über die Saiten, und die Leier gibt einen vollen, schönen Ton her, und Apollon ist auf einmal wie verwandelt. Freude erfüllt sein Herz, er lacht, der liebliche Ton des Leierklanges dringt ihm in das Gemüt, und ein süßes Verlangen erfaßt ihn, als er den Ton vernimmt. Hermes, der Sohn der Maja, aber steht da, furchtlos, und spielt fort, und weiter spielend fällt er auch mit seiner Stimme ein und singt von den unsterblichen Göttern und der dunklen Erde, wie sie zu Anfang entstanden sind, und wie ein jedes sein ihm gebührendes Teil erlost hat, singt von der Erinnerung, Mnemosyne, der Mutter der Musen, und preist und ehrt auch alle die anderen Götter nach Rang und Ordnung. Den Bruder Apollon aber faßt, als er im Zuhören immer mehr die Kraft des neuen Wunderdings erfährt, das dieser Rinderdieb erfand, eine unbezwingliche Liebe zu dem Instrument. Und sein Herz wallt auf, und er sagt zu Hermes: »Du Rindertöter! kunstreicher Erfinder du! Ein köstliches Ding, wahrhaftig, fünfzig Rinder wert, hast du dir ausgedacht. Ich denke, da mag ein Handel zustande kommen. Doch sage mir das eine, du Vielgewandter: hast du dies Wunder von Geburt mitbekommen oder hat einer der Unsterblichen oder der Menschen es dir zum Geschenk gemacht? Welch eine Kunst ist das? Welch eine Muse befiehlt ihr? Wie gelangt man zu ihr? Wirklich, drei Dinge liegen in ihr: Heiterkeit, Liebe und ein Schlummer, der süß ergreift!« Und er sagt weiter, daß er, Apollon, doch der Gefährte der Musen ist, denen die Reigenchöre anvertraut sind sowie der prächtige Einhergang des Gesangs und der Tanz wie auch der sehnsüchtige Ton der Flöten. Und nun muß er staunen, wie entzückend der Kleine auf der Schildkröte spielt. Und so bittet er den Hermes, daß er ihm die Leier gebe, und will ihm dafür Ruhm und Ehre bei den unsterblichen Göttern verschaffen, und gelobt es ihm und wird ihn nicht betrügen. Und Hermes antwortet dem großen Bruder mit wohlgesetzten Worten und hält klüglich auch von seiner Seite mit allen Bezeugungen der Freundschaft und Verehrung nicht zurück, wie er ja weiß, wie sehr Apollon der erste unter den Göttern ist, trefflich und edel und geliebt von Zeus und ausgezeichnet mit höchsten Ehren, daß er die Göttersprüche wisse und habe die Seherkunst von Zeus her. Gewiß, er könne lernen, was er wolle, auch wie die Leier zu spielen sei. Und daß es ihm, dem Hermes, nur zum Ruhm gereiche, daß der Bruder diese Kunst von ihm empfangen habe. Und er gibt ihm die ersten Anweisungen: »Spiele schön und halte die helltönende Freundin in deinem Arm! Gar schön und gut versteht sie zu reden. Nimm sie geruhsam mit zum festlichen Mahl, zum Reigen oder zum prächtigen Umzug. Heiterkeit gibt sie den Menschen am Tag wie in der Nacht. Wer sie mit weisem Geschick zu spielen weiß, dem läßt sie mit ihrem Schalle Herrlichkeiten aufgehen. Zart muß man mit ihr umgehen, so freut sie sich, doch mag sie es gar nicht, wenn einer sich kümmerlich nur auf ihr abquält. Wer aber nur so auf ihr herumschlägt, dem hat sie nur garstige Mißtöne zu erwidern.« Und so übergibt Hermes seinem Bruder die Leier und bietet ihm an, daß sie die Rinder gemeinschaftlich auf Bergen und Fluren weiden wollen. Und der Bruder solle nicht mehr zürnen.

So kam die Leier zu Apollon, in dessen Hand sie ganz die *seine* wurde. Er gab dafür dem Hermes die Geißel zum Zeichen dessen, daß er Herr sein sollte über die Herden, und so hatte jeder von den beiden Brüdern das empfangen, was zu seinem eigensten Wesen gehörte und was er wollte. Apollon aber säumte nicht, er nahm die Leier in den Arm, bewegte den Schlegel sicher im Takt, und ohne daß er es irgend zu lernen brauchte, ertönte die Leier wundersam in der Hand des Gottes, und er sang dazu. – Als dann die beiden die Rinder in aller Eile zurück nach Pierien zu ihrer göttlichen Weide getrieben hatten, stiegen sie zum beschneiten Olymp hinauf, sich an der Leier ergötzend, die Apollon spielte. Da freute sich Zeus im Olymp und es freuten sich auch alle anderen Götter, als man die beiden Brüder so in Eintracht miteinander verbunden sah. Zwar den Apollon faßte noch einmal der Argwohn, daß dieser Meisterdieb ihm nicht etwa wieder die Leier stehle und dazu auch seinen berühmten Bogen. Als Hermes aber mit heiligem Eid gelobte, daß er dem Bruder niemals wieder etwas stehlen werde, da sagte Apollon, daß kein anderer unter allen Unsterblichen ihm so lieb sein sollte wie sein Bruder Hermes. Und er machte ihm weiter schöne Geschenke, gab ihm den goldenen, mit drei Blättern verzierten Stab, der Reichtum brachte, gab ihm die Wahrsagekunst von drei auf dem Parnaßgebirge schwärmenden Bienenmädchen, die immer dann, wenn sie von dem gelben Honig genossen haben, die Wahrheit verkünden, wenn aber nicht, vom Wege abzuführen suchen. Und er gab ihm die Herrschaft über das viele Vieh, das er bis dahin besessen hatte, vor allem über Schafe und Ziegen, und gab ihm schließlich, daß von nun an Hermes der Totenbote sein und die verstorbenen Seelen in den Hades geleiten sollte. Und für alle Zeit fuhr Apollon fort, seinen Bruder Hermes zu lieben mit aller Liebe.

Das ist die Geschichte von den ersten Taten des klugen, erfindungsreichen Hermes, wie er sich ein erstes Ansehen und einen Platz im Olymp verschaffte und wie er die Leier erfand und diese dem Bruder überließ als sein ihm zukommendes Teil. Zur Erinnerung an die Geschichte, wie auch zum Lobpreis der Musik, steht nun die Leier am Himmel, nicht sehr weit entfernt vom Schwan, der auch wieder mit Musik zu tun hat und dem Apollon gehört. Denn der Schwan ist der Vogel Apollons. Schon zu dessen Geburt sind Schwäne singend aus dem Lande Lydien herbeigekommen. Sie schwammen dort in großen Mengen auf dem Kayster-Strom oder auch dem Hermos in Kleinasien und dem goldführenden Paktolos. Sie schwammen singend auch auf dem Okeanos, dem Weltstrom, der im fernen Norden das Land der seligen Hyperboreer bespült, bei denen Apollon so gern verweilt. Und auch von einem Helden, Kyknos – das ist »Schwan« –, wird erzählt, der ein Sohn des Apollon war. Er stürzte sich aus Liebestrotz von einem Felsen, stürzte sich aber nicht zu Tode, sondern flog als Schwan davon. Seine Mutter Hyrie aber zerfloß aus Leid um ihn in Tränen, und es entstand ein See, der von daher »Hyrie-See« genannt wird.

Doch um auf die Leier zurückzukommen, so übergab sie Apollon später dem großen, berühmten Sänger Orpheus, in dessen Gestalt als einem Menschen die ganze Macht der Musik verkörpert ist. Bei seinem Gesang und Spiel, so heißt es, vergaßen die wilden Krieger seiner Heimat, des Thrakerlandes, all ihre Wildheit, und er besänftigte mit seinem Spiel auch die wilden Tiere und konnte Felsen und Bäume von ihrem Platz bewegen. Und als ihm einst seine über alles geliebte Gattin Eurydike am Knöchel ihres Fußes von einer Schlange gebissen wurde und sterben mußte – schon bei der Hochzeit hatten die Hochzeitsfackeln nicht brennen wollen, sondern nur gequalmt –, da meinte Orpheus, daß er ohne Eurydike nicht leben könnte, und machte sich auf und stieg hinab in die Unterwelt und rührte dort mit seinem Gesang und Leierspiel den König und die Königin der Toten, Hades und Persephone, so daß sie versprachen, daß sie ihm die Eurydike wieder zur oberen Welt entlassen wollten. Allein, sie stellten die Bedingung, daß sie hinter ihm hergehen mußte, und er dürfe sich nach ihr nicht eher umsehen, bis sie wieder zu seinem Haus gekommen seien. Nun konnte aber Orpheus, als er wieder aus der Unterwelt hinaufstieg, die Schritte der Gattin hinter sich nicht hören; sie war ja noch immer ein Schatten, und die Schatten gehen lautlos. Und so wandte er sich um, sah sie, aber sah sie nur, um sie alsbald ganz zu verlieren. Denn schon stand Hermes, der Geleiter der Toten, ihr zur Seite und hatte sie zart, doch unausweichlich fest an der Hand gefaßt. Und Orpheus, als er die Gattin nun ganz verloren hatte, saß sieben Monate an den Ufern des Flusses Strymon und weinte, und nur Kummer und Schmerz und Tränen waren seine Nahrung.

Man erzählt weiter, daß sich Orpheus nach dem zweiten Verlust der geliebten Gattin ganz von den Frauen abwandte; und da viele ihn heiß begehrten, so machte er sich das Frauengeschlecht, als er sie immer wieder zurückstieß, zum bittersten Feind: das habe dann auch zu seinem schlimmen Tod geführt. Eine ältere Sage aber freilich läßt Orpheus aus ernsteren Gründen den schrecklichen Tod von der Hand wilder Frauen erleiden. Orpheus nämlich war der treueste Verehrer des Gottes Apollon, und blieb dies auch, als in Thrakien der neue Gott Dionysos mit seinen Mänaden vordrang und für sich Verehrung forderte. Orpheus aber verweigerte dem Dionysos die Verehrung. Er meinte, daß der Sonnengott der größte von allen Göttern sei, und so war seine Gewohnheit, noch vor Frühlicht im ersten Dämmer auf den Berg Pangaion zu steigen, um auf dessen Gipfel als erster den Sonnengott, wenn er heraufkam, zu begrüßen. Darüber erzürnte Dionysos und schickte ihm eine wilde Mänadenschar, und diese, in ihrer bacchantischen Wut, zerrissen den Sänger und verstreuten seine Glieder überallhin. Sogar mit Steinen, Bratspießen, Mörserkeulen, Hämmern und Sicheln, so wird es auf bemalten Gefäßen dargestellt, sind die wilden Frauen auf den feinen Sänger losgegangen. Kalliope aber, des Orpheus Mutter, und die anderen Musen sammelten die zerstreuten Glieder, fügten sie zusammen und begruben sie in Pïerien. Wie aber Eratosthenes, der sternkundige Gelehrte, wissen will, begruben sie die Leier nicht mit ihm, sondern baten Zeus, daß er sie nach dem Tod des Orpheus als Sternbild an den Himmel setze. Und so geschah es. Nach anderen wieder schwamm, als die Mänaden den Orpheus zerrissen hatten, sein Haupt und die Leier den Hebrosstrom hinab ins Meer, und das Haupt schwamm auf der Leier dort immer weiter und sang eine Totenklage, und die Leier fiel mit ein, indem die Winde ihre Saiten rührten. Und Haupt und Leier schwammen über das Meer bis zur Insel Lesbos, wo man die Leier, als sie dort gelandet war, im Tempel des Apollon aufhing. Doch auch dort soll sie weiter gesungen und geklungen haben, obwohl kein Mensch an sie rührte, und mit ihrem Klang auch Tiere, Pflanzen und Steine bezaubert haben. Das Haupt des Orpheus aber begruben die Lesbier, und es heißt, daß über dem Grab die Nachtigallen so schön wie sonst nirgendwo in der Welt gesungen hätten. Noch manches wird von dem Haupt des Orpheus an wundersamen Geschichten erzählt. Auch das Amt des Apollon soll es ausgeübt und den Menschen Sehersprüche erteilt haben, auf die man hörte, bis Apollon die Hand ausstreckte und dem Haupte Schweigen gebot, und von da an schwieg es.

Wie mit dem Schwan, so ist die Leier schließlich auch mit dem Sternbild des Delphin verbunden, das nicht sehr weit von ihm entfernt steht. Die Geschichte, die sich an dieses freundliche Meerestier knüpft und auch wieder die Leier mit einbezieht, ist die Geschichte von dem Sänger Aríon, der in jenem Lesbos beheimatet war, wo einst die Leier und das singende Haupt des Orpheus herangeschwommen waren. Auch dieser Sänger wußte mit seinem Lied die strömenden Wasser eines Flusses zum Stehen zu bringen, und der Wolf ließ, wenn er sang, von den Lämmern ab, der Hund und der Hase lagen friedlich beieinander in demselben Schatten, Hirsch und Löwe standen dicht beieinander auf der gleichen Klippe, und Tauben und Falken, Eulen und Krähen vergaßen ihre Feindschaft. Als Arion dann aber einmal von der Insel Sizilien, wo er die Menschen mit seinem Gesang ergötzt hatte, auf einem Schiff mit reichen Schätzen wieder in die Heimat zurückfahren wollte, da stachen den Schiffsleuten, die schlimme Gesellen waren, die vielen Kostbarkeiten, die er mit sich führte, ins Auge, und sie umringten ihn, als man auf hoher See war, und bedrohten ihn. Da bat Arion, daß er, ehe er sterben müsse, noch einmal auf seiner Leier spielen dürfte. Die Schiffer waren es zufrieden, und Arion setzte sich seinen Lorbeerkranz, den Kranz des Apollon, auf sein Haupt, zog seinen purpurnen Sängermantel an, griff mit der Hand in die Saiten der Leier und sang dazu wie ein Schwan, der stirbt. Doch als nun auch die rauhen Räuber von seinem Gesang ergriffen waren, da sprang er auf einmal mit Kranz, Mantel und Leier ins Meer und versank. Doch nur für kurze Weile. Dann sehen die erstaunten Schiffsleute ihn wieder, wie er in der Ferne auf dem Rücken eines Delphins sicher über das Meer getragen wird und immer weiter fort auf der Leier spielt und singt. Der Delphin war durch das Leierspiel und den Gesang herbeigezogen worden und erwies der göttlichen Sangeskunst und dem Sänger eine beßre Ehre als die Menschen. Die Götter aber versetzten das Tier zum Dank dafür, daß es der Musik und dem hohen Sänger Ehrfurcht und Liebe bewiesen hatte, an den Himmel. Und so steht der Delphin nun dort als Sternbild.

HERAKLES

Herakles, oder auch Herkules, wie wir ihn mit der lateinischen Form seines Namens nennen, ist wohl die berühmteste und auch bei uns heute noch bekannteste Gestalt der griechischen Sage. Und da er auch die bildenden Künstler immer wieder zur Darstellung angeregt hat, so steht er uns in manchem Bildwerk als Gestalt vor Augen: der massige Mann, gekleidet in ein Löwenfell und bewaffnet mit einer starken Keule, ein Bild der riesenhaften Körperstärke, und doch zugleich in seiner gesamten Haltung, dem geneigten Kopf, den ermattet gelösten Gliedern, gekennzeichnet durch schweres Leiden. Eine besondere Art von Größe und Auszeichnung durch das Schicksal ist es, die aus diesem Helden spricht. Nicht nur die Größe der Bevorzugung eines Göttersohnes durch riesenhafte Stärke des Leibes wie der Seele, sondern zugleich die Größe eines Riesenwerks, an dem wohl sogar jene Riesenkraft ermatten mochte, das aber doch so groß geleistet wurde, daß der Mühselige schließlich in den Olymp unter die Götter aufgenommen wurde.

Merkwürdig dabei, daß eine solche Gestalt in ihrem geschichtlichen Ursprung zunächst etwas ganz anderes gewesen war. Herakles nämlich war ursprünglich eine heiter volkstümliche Gestalt, ähnlich dem »starken Hans« in unserem Märchen, der von einem Riesen großgesäugt wurde und dann Eichen ausriß. Ein Naturbursche also von wildschäumender Lebenskraft war Herakles ursprünglich gewesen, ein unbekümmerter Fresser,

Säufer und Liebhaber, der allerhand Unfug angestellt hat und, weil er als ein starker Kerl im Grunde, wie so viele starke Kerle, ein prachtvolles Gemüt besaß, zusammen mit dem Unfug auch viel Gutes. Viele Züge in Herakles weisen noch auf diesen starken Hans. Dann aber kam gerade über ihn, als die Dichter seine Geschichte immer weiter ausspannen, die ganze Schwere eines äußeren Schicksals, des Leidens und der Herzensschwermut, die sogar bis zu geistiger Umnachtung führte. Ist hier nur zufällig Gegensatz in Gegensatz umgeschlagen, oder waltet zwischen diesen beiden, dem naturhaften Lebensüberschwang und der dunkelsten Leidensschwermut, nicht doch ein tiefer Zusammenhang?

An unserem Himmel erkennen wir den Herakles in dem weitflächigen Sternbild, das sich zwischen Leier, Drachenkopf, Krone und Schlangenträger erstreckt, in seiner Gestalt entfernt dem Orion ähnlich, aber bei weitem nicht so hell wie dieser. Wie bei andern Sternbildern hat man auch in diesem noch andere Heldengestalten, z. B. den Hauptthelden der Athener, Theseus, gesehen, und ursprünglich wurde es von den Griechen einfach als »Der auf den Knien«, »Der Kniende« bezeichnet. Und als ein auf seinem rechten Bein kniender Mann, der den linken Fuß auf den Kopf des Drachens stellt, und die Arme nach oben weit auseinanderbreitet, ist er auch auf den alten Himmelsgloben dargestellt. Es ist die Haltung eines Menschen, der eine schwere Last trägt. »Den sich schwer Mühenden« nannte man ihn auch deshalb. Von hier aus war es dann kein weiter Schritt, diesen unbekannten »Mann auf den Knien« eben um der großen Mühsal willen, die dieser Mann trägt, mit Herakles in Verbindung zu bringen, so wie dieses jedenfalls seit dem Gelehrten Eratosthenes im dritten Jahrhundert vor Christus der Fall war.

Um nun zu der Sage von Herakles zu kommen, so

Herakles

stammte er von jenem Perseus, dem Töter der Gorgone und Gatten der Andromeda, dessen Geschichte wir schon erzählten. Eine Enkelin des Perseus war Alkmene, die Tochter des Elektryon, der nach Perseus in Mykene herrschte. Sie war ihrem Vetter Amphitryon, der sich in Mykene aufhielt, zur Gattin bestimmt. Da aber kam es zu Verwicklungen, die für den noch ungeborenen Herakles schicksalbestimmend werden sollten. In einem Kampf, der wegen eines Raubs der Rinderherden des Elektryon mit andern Nachkommen des Perseus entstanden war, fielen alle Brüder der Alkmene, dem Amphitryon aber geschah es, daß er aus Versehen den Elektryon tötete, als er mit seiner Keule nach einer Kuh warf, die von der Herde entsprungen war. Amphitryon mußte fliehen, und Sthenelos, ein anderer Sohn des Perseus, wurde Herr von Mykene. Er war der Vater des schwächlichen Eurystheus, der später der Dienstherr des Herakles werden sollte. Amphitryon aber floh nach Theben, und Alkmene folgte ihm dorthin. Doch wollte sie nur dann seine Gemahlin werden, wenn er zuvor für den Tod ihrer Brüder Rache genommen hätte. Und also zog Amphitryon, ehe er seine junge Frau berührt hatte, in den Krieg. Nun hatte aber Zeus, der Himmelsgott, Gefallen an der schönen Alkmene gefunden, und während Amphitryon noch im Kriege war, kam Zeus in der Gestalt des Amphitryon zu Alkmene, und da er ihr die Heldentaten berichtete, die Amphitryon unterdessen wirklich vollbracht hatte, und ihr einen goldenen Becher brachte, den jener in seinen Kämpfen erbeutet hatte, nahm sie ihn für den Amphitryon, und Zeus, in seiner großen Liebe zu ihr, verlängerte die Liebesnacht, die sie vereinte, um das Dreifache. Doch kam in derselben Nacht Amphitryon nach dem Siege über seine Feinde wieder heim und vereinte sich mit Alkmene, die, ohne es zu wissen, in dieser Nacht von zwei verschiedenen Gatten Zwillinge empfing, von Zeus den Herakles, von Amphitryon den Iphikles. Bei anderen Dichtern und Erzählern aber schöpft Amphitryon Verdacht und glaubt den Versicherungen der Alkmene nicht, daß er selbst doch schon bei ihr gewesen sei, und als er sie bedroht und sie sich an den Altar flüchtet, da schichtet er um diesen Holz auf und setzt den Scheiterhaufen in Brand. Da aber geht ein Gewitter nieder, ein prasselnder Regen löscht die Flammen und Zeus erscheint in Donner und Blitz, erzählt, wie alles gewesen ist, und sagt die Taten des Herakles voraus. Es ist ein Sagenstoff, der über die Jahrhunderte hin die Dichter der Tragödie wie Komödie bis auf unsere Tage beschäftigt.

Als Alkmene aber den Herakles gebären sollte, da gab es, so wie bei seiner Erzeugung, nun auch bei seiner Geburt neue Verwicklungen. Auch die Gattin jenes feindlichen Königs Sthenelos, der in Mykene herrschte, erwartete einen Sohn, der indessen erst zwei Monate später zur Welt kommen sollte. Und als nun der Tag der Geburt des Herakles gekommen war und die Götter alle im Olymp versammelt waren, da verlangte Hera, die Gattin des Zeus, daß Zeus einen heiligen Eid darauf leisten sollte, daß der Knabe, der heute geboren würde, über alle übrigen aus dem Stamm des Zeus herrschen sollte. Zeus leistete diesen Eid. Er sah nicht, daß Hera mit Arglist darauf gedrungen hatte. Ihr war der Zeussohn, der nicht auch ihr Sohn war und heute geboren werden sollte, aufs tiefste verhaßt. Und so schwang sie sich, kaum daß Zeus jenen Eid geleistet hatte, vom Gipfel des Olymp herab und kam nach Argos und bewirkte, daß die Gemahlin des Sthenelos ihr Kind schon jetzt im siebenten Monat zur Welt brachte, zog den noch Unfertigen mit eigener Hand hervor und eilte weiter nach Theben, wo Alkmene in den Wehen lag, scheuchte die Göttin der guten Geburt, Eileithyia, von ihr und kam darauf triumphierend zum Olymp zurück: schon sei der Mann geboren, der nach dem Eid des Zeus in Argos herrschen solle, der Sohn des Sthenelos, Eurystheus! Als Zeus dies hörte, fuhr ihm ein stechender Schmerz durch die Seele. Er sah, daß Ate, die Göttin der Beirrung, ihn schlimm beirrt hatte, als er den Eid leistete, ergriff sie am Schopf und schleuderte sie vom Olymp auf die Erde herab zu den Menschen. Und so ist es gekommen, daß nun Ate, die böse Beirrung, seitdem unter uns Menschen umgeht und ihr Unwesen treibt in allen unseren Taten. Herakles aber kam auf diese Weise später zur Welt, als er sollte, und zwar erst am vierten Tag des zehnten Monats. Von daher rührt es her, daß die Griechen meinten, daß solche am vierten Monatstage Geborene im späteren Leben einmal große Mühen für andere zu erdulden hätten, und, wenn sie einen solchen Menschen im späteren Leben sahen, von ihm wohl auch mit Kopfschütteln zu sagen pflegten, das sei gewiß ein »am vierten Tag Geborener«. Zu Herakles' Geburt aber kam es endlich so: Hera hatte in ihrem Zorn auch den Schicksalsgöttinnen aufs strengste verwehrt, die Geburt des Knaben zu befördern, und so saßen diese tief in sich verschlossen mit verschränkten Händen da. Da aber lief auf einmal ein Wiesel vorbei – das Wiesel hielten sich die Griechen im Haus zum Mäusefang, so wie wir die Katze – und da taten die Moiren, die, wie es scheint, als große Schicksalsgöttinnen doch zugleich auch ängstliche Frauen waren, erschrocken die Hände auseinander, und so wurde Herakles geboren. Als er dann aber zusammen mit seinem Halbbruder Iphikles zur Welt gekommen war, da ruhte Hera immer noch nicht und sorgte in ihrem Abscheu gegen diesen Zeussohn dafür, daß er noch als kleines Kind seine erste Tat verrichten sollte. Der Kleine lag in seinen krokosfarbenen Windeln in der Wiege, und die Frauen standen noch am Bett der Mutter, um ihr zu helfen, da kamen, von Hera gesandt, zwei Schlangen durch die offenen Türen ins Schlafgemach und wollten sich um die Kinder winden und sie mit ihren Kiefern packen. Doch Herakles reckte seinen Kopf empor, ergriff die beiden Schlangen mit seinen Händen an ihren Hälsen und drückte und würgte sie so lange, bis den Tieren der Atem ausblieb und sie schlaff von seinen Händen herunterhingen. Die Frauen standen wie gelähmt, und Alkmene sprang mit bloßen Füßen vom Lager, um zu helfen. Und es stürzten auch die Männer herbei mit ihren Waffen, und der Vater Amphitryon riß das Schwert aus der Scheide und schwang es in der Hand voll Angst. Aber da bleibt er stehen, Staunen ergreift ihn, gemischt aus schwerer Sorge und Freude, als er den ausnehmenden Mut und die Stärke seines Sohnes sieht. Und man ruft den Seher Teiresias herbei, das wundersame Geschehen zu deuten, und dieser kommt und verkündet allen, die dabeistehen, was Herakles einst vollbringen werde an großen Taten zu Land und See.

Und auch dieses schließlich mag aus der frühesten Jugend des Herakles noch hier angefügt sein, daß ihn der Götterbote Hermes, vielleicht auf den Befehl des Zeus, heimlich zur Nachtzeit aus seiner Wiege holte, zum Olymp trug und ihn dort seiner schlafenden Feindin, der Göttermutter Hera, an die Brust legte. Da trank unser Herakles nun Göttermilch, aber da das starke Bürschlein gar zu kräftig sog, tat es der Hera weh, sie erwachte, stieß das Kind voll Schmerz und Abscheu von sich, und aus der Brust der Göttin sprang ein mächtiger Strahl der göttlichen Milch und ergoß sich über den weiten Himmel: die Milchstraße, wie wir sie noch heute an klaren Abenden um den ganzen Himmel gehen sehen.

Wenn wir nun von der frühesten Kindheit des Helden in seinem Leben zu der Zeit fortschreiten, wo der Mensch erzogen wird und wo es lernen heißt, so ist von ihm zu sagen, wie von so manchen großen und bedeutenden Persönlichkeiten, daß er ein recht ungebärdiger Bursche und durchaus kein guter Schüler war. Man tat ihn zu dem berühmten Sänger und Musiker Linos, der auch schon andere damals mit großem Erfolg unterrichtet hatte, um ihm eine gründliche Ausbildung im Lesen, Schreiben und Leierspiel angedeihen zu lassen. Aber der Lehrer hatte über diesen Schüler gar manche schlaflose Nacht. Denn immer wenn Iphikles, der Halbbruder, mit seiner Schreibtafel ihm schon aufmerksam gegenübersaß, kam Herakles erst gemächlich herangeschlendert, wobei er sich eines großen Pfeiles auf diesem ihm widerwärtigen Wege als Spazierstocks bediente und sich die Leier von einem alten Diener tragen ließ. Als aber der Lehrer über den störrigen Schüler einmal ungeduldig wurde und ihn gar schlug, da ging das wilde Gemüt mit dem Knaben durch und er nahm die Leier und vielleicht auch den Schlegel dazu und schlug damit den Lehrer tot. – Anders führt die Komödie des vierten Jahrhunderts den »eigenartigen« Knaben vor, den der Lehrer nach schon damals aufgekommenen milderen und verstehenderen Erziehungsbräuchen einmal in die Bücherei führt und auffordert, sich selber ein Buch herauszusuchen, das ihm ganz besonders behage. Wirklich findet er bald darauf den Knaben tief versunken in der Lektüre eines Buches, und als er nachsieht, was für ein Buch es sein mag, da ist es ein Kochbuch. Der junge Bursche bewies, seiner Natur entsprechend, nämlich schon damals ein ganz außergewöhnliches Interesse an gutem und reichlichem Essen, und wenn er nachts auf einem Löwenfell neben dem Vater – das war sein liebstes Bett – geschlafen hatte, so mußte es mittags gebratenes Fleisch sein und ein so mächtiger Laib Brotes, daß ein schwer arbeitender ausgewachsener Mann davon mehr als satt geworden wäre. Und so blieb er in seinem ganzen Leben ein großer Esser. So war es wohl richtig, daß der Vater Amphitryon den derben Knaben schließlich zu den Herden tat, wo er von einem Hirten vor allen Dingen im Bogenschießen unterrichtet wurde. Hier bei den Herden wuchs er auf, bis er an Größe und Stärke alle übertraf, und alle sahen, daß dieser Jüngling wirklich ein Sohn des Zeus sein mußte, denn er war vier Ellen hoch, wie Feuer leuchtete es aus seinen Augen und er verfehlte nie sein Ziel, weder mit dem Bogen noch dem Speer. Und so begab er sich, kaum achtzehnjährig, einmal in das Kithairon-Gebirge und vollbrachte hier seine erste Mannestat, indem er einen Löwen tötete, der in diesem Gebirge bei Theben hauste und den Herden des Vaters Amphitryon arg zusetzte, die in diesem Gebirge ihre Weideplätze hatten. Um die Art des jungen Mannes recht klar hervorzuheben, erzählen

Spätere noch dazu, der junge Herakles sei auf Bitten des Königs von Thespiai fünfzig Tage tagtäglich auf die Löwenjagd ausgezogen, in den fünfzig dazugehörigen Nächten aber schlief er in jeder Nacht bei einer anderen der fünfzig Töchter des Königs und erzeugte auf diese Weise fünfzig Söhne. Er selber aber blieb des Glaubens, daß er immer nur bei einer und derselben Tochter des Königs gewesen wäre.

Schließlich kam über den jungen Kraftmenschen aber doch einmal eine Nachdenklichkeit. Und wenn die Geschichte auch mehr das Gedankenerzeugnis eines griechischen Sophisten als echte dichterische Sage ist, so ist doch auch sie aus dem Wesensgrund der Gestalt und der Seele eines Helden von so großer Spannweite geschöpft. In die Einsamkeit, heißt es, hätte der junge Mann sich begeben, um über sein künftiges Leben nachzudenken. Da erschienen ihm zwei große, schöne Frauen, die Üppigkeit und die Tüchtigkeit. Die eine bot ihm ein Leben ohne Beschwerden, ohne Krieg und Händel an, er sollte essen und trinken können, was und soviel ihn nur freute, sehen, hören, riechen und anfassen, was ihn nur ergötzte. Die andere verhieß ihm, daß er ein tüchtiger Täter von vielen hohen Taten werden sollte, doch dies nur durch so manche Mühsal, so manche Qual und bitterste Beschwerde. Allein wenn Herakles so mit aller Kraft die Mühen des Lebens würde durchgestanden haben, so meinte die Tüchtigkeit, werde er mit ihrer Hilfe großen Ruhm auf Erden und eine Glückseligkeit wie die Götter erlangen. Und Herakles, heißt es, habe ohne viel Besinnen die Üppigkeit ausgeschlagen und mit Freuden die Tüchtigkeit erwählt. Und das sei der Beginn des Lebensweges gewesen, der ihn durch unsägliche Mühen in der Dienstbarkeit seines Vetters Eurystheus, am Ende aber auch in den Olymp der Götter führte. Als Herakles nämlich herangewachsen war, da kam über ihn die Sehnsucht, in dem alten Argos zu wohnen, von wo sein Vater Amphitryon her war und auch sein Ahn von der Mutterseite, Perseus. Eurystheus aber, der nun dort herrschte, wollte es nur zulassen, wenn Herakles zunächst das Land von den Untieren säubere, die überall noch ihr Unwesen trieben. Und so vollbrachte Herakles denn seine Taten als Reiniger der Erde, die ihn als ruhelosen Wanderer über die ganze Erde, ja bis hinunter in die Unterwelt führen sollten. Es sind die bekannten zwölf »Arbeiten« des Herakles, und da sie einmal als die zwölf Haupttaten dieses griechischen Helden in der Überlieferung kanonisch geworden sind, so wollen auch wir sie hier der Reihe nach, eine nach der anderen, erzählen.

I

Die erste Tat ist die Erlegung des Nemëischen Löwen, der in dem lieblichen Bergtal der Landschaft Argos bei dem Orte Nemea sein Wesen trieb. Er war nur sehr schwer zu besiegen, und das aus einem doppelten Grunde. Einmal: seine Höhle hatte einen doppelten Ein- und Ausgang, durch den er hier oder dort, ganz wie er wollte, entwischen konnte. Und dann: sein Fell war so geschmeidig hart wie Stahl, und weder Eisen, Erz oder Stein konnte es durchdringen.

Und so schießt Herakles denn auch vergeblich seine Pfeile gegen das Untier ab, gebraucht seine Keule gegen es vergeblich und muß, um der Bestie überhaupt beizukommen, zunächst einmal den zweiten Zugang zu seiner Höhle verstopfen und verrammeln. Dann erst gelingt es ihm, das Tier zu stellen, um dann, da alle seine Waffen gegen es versagen, sich über das mächtige Tier zu werfen, mit ihm zu ringen und es mit seinen bloßen Armen schließlich zu erwürgen. Selbst der getötete Löwe aber bietet ihm noch Widerstand, denn mit Eisen und Erz läßt das Fell sich auf keine Weise durchschneiden. Da ergreift

Löwe

Herakles die Klauen des toten Löwen, und nun kann er ihm die Haut mit diesen Löwenkrallen, die hart wie Diamant sind, aufreißen und sie abziehen und wird von nun an das so schwer gewonnene herrliche Fell wie einen Mantel und Panzer tragen und sich des Rachens als Helms bedienen. An diesen Kampf mit dem Löwen von Nemea erinnert uns bis zum heutigen Tag das Sternbild des Löwen an unserem Himmel, das als ein besonders königliches Zeichen im Tierkreis unter dem Großen Bären leuchtet. – An die Tötung des Nemeischen Löwen schlossen Spätere noch die Geschichte von der Begegnung des Herakles mit dem freundlichen Weinbauern Molorchos an, der den Herakles, als er auf dem Weg zu seinem Kampf mit dem Löwen ist – der Löwe hatte dem armen Mann einen Sohn aufs schrecklichste zerrissen –, bewirtet und für ihn trotz seiner Armut den einzigen Widder opfern will, den er hat. Doch Herakles meint, er möge noch dreißig Tage warten, und kehre er innerhalb dieser dreißig Tage nicht wieder bei ihm ein, so möge ihm der Weinbauer den Widder zum Totenopfer schlachten, dann sei auch er von dem Löwen zerrissen worden. Die Tage vergehen, und als der dreißigste Tag herankommt und Herakles immer noch nicht zurückgekehrt ist, da geht der treue Molorchos daran, ihm den Widder zum Totenopfer darzubringen. Doch wie er eben das Opfer ausrichten will, sieht er den Herakles des Weges kommen, das Fell des toten Löwen um die Schultern geschlagen und den Rachen über den Kopf gestülpt. Und so kann nun der brave Mann den einzigen Widder, den er hat, dem Retter Zeus zum Opfer bringen und nicht dem Herakles zum Totenmahl. Als Eurystheus aber den Herakles wirklich mit dem erschlagenen Löwen nach Mykene wiederkommen sah, da entsetzte er sich dergestalt über den überstarken Dienstmann, daß er den Befehl erließ, man solle den Löwenbesieger vor den Mauern Mykenes abfertigen und ihm den Eingang in die Stadt verwehren. Nur durch Boten wollte der ängstliche Mann ihm künftig seine Befehle geben.

2

Der Kampf mit der Lernäischen Wasserschlange oder Hydra, die nun als »Wasserschlange« am Himmel steht, war die zweite Tat des Herakles. Von scheußlichen Eltern hervorgebracht, hauste dieses ekelhafte Untier im Sumpf von Lerna, in der Nähe der Stadt Argos. Sie hatte fünf, sechs, oder wohl auch neun, ja fünfzig oder hundert Köpfe, wie, sich übersteigernd, die verschiedenen Erzähler wissen wollen. Aber nicht die Unzahl ihrer Köpfe war das Gefährliche an ihr, viel schlimmer war, daß ihre Mäuler, selbst wenn sie im Schlaf lag, einen giftigen Hauch ausströmten, so daß jeder, der davon getroffen wurde, zugrunde ging. Am schlimmsten aber über das hinaus war es, daß, wenn es irgendeinem wirklich gelang, ihr einen dieser Köpfe abzuschlagen, für den einen

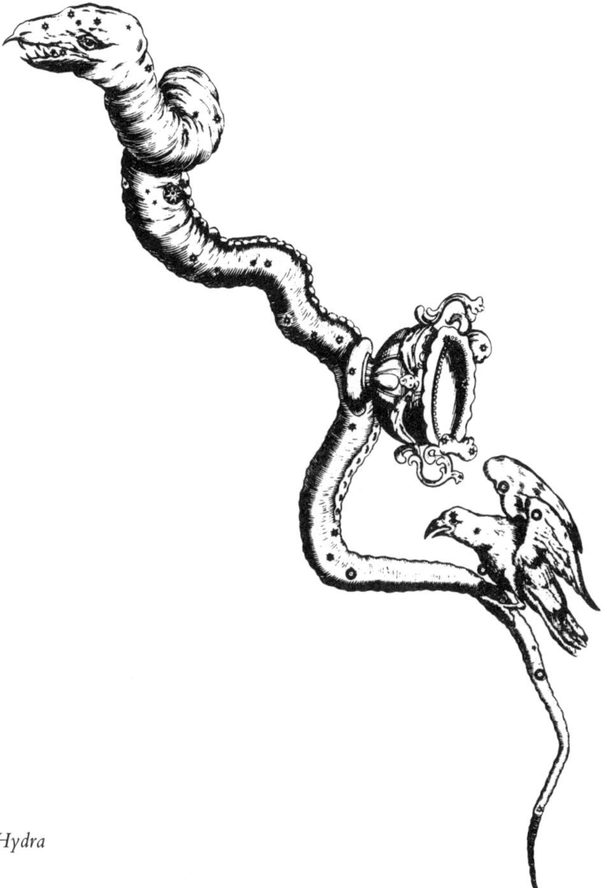

Hydra

alsbald zwei neue nachwuchsen. Herakles nun, als Eurystheus ihm aufgetragen hatte, auch dieses Untier zu erlegen, hatte gut daran getan, seinen Neffen Iolaos, den Sohn seines Halbbruders Iphikles, mit auf den Weg zu nehmen. Und so waren denn die beiden – Iolaos lenkte – mit ihrem Wagen nach Lerna gefahren und hatten glücklich das Untier aufgescheucht. Herakles gebrauchte zunächst seine Pfeile und schoß, nachdem er sie angezündet hatte, mit diesen brennenden Pfeilen in das Loch, in dem die Hydra ihren Schlupfwinkel hatte. Dann hieb er mit seiner Keule auf sie ein, was immerhin den Erfolg hatte, daß sie ein Zittern befiel. Wenn er nun aber mit seinem Sichelschwert, das er sich wohlweislich zu dem Kampf mitgenommen hatte, der Schlange einen Kopf abgeschlagen hatte, so wuchsen alsbald zwei neue nach, und er sah, so war dem Untier nicht beizukommen. Und also hieß er den Iolaos im Wald am Sumpfrande ein Feuer anmachen und von daher Brandfackeln herbeischaffen. Und hatte er nun der Hydra ein Haupt abgeschlagen, so brannte Iolaos die Wunde aus, so daß sie eintrocknete und kein neuer Kopf hervorwuchs. Allein als des Herakles Feindin Hera sah, daß er der Schlange auf diese Weise nun doch bald den Garaus machen würde, da sandte sie aus dem Sumpf gegen ihn einen großen Krebs, der den Herakles von hinten in die Fersen packte und schmerzhaft biß. Aber Herakles, im Zorn, zermalmte ihn mit einem Tritt. Der Krebs indessen kam, um der Ehre willen, welche die Götterkönigin ihm zollen wollte, als Sternbild an den Himmel. Herakles aber, nachdem er schließlich alle Häupter der Schlange abgeschlagen hatte und diese nun entseelt am Boden lag, nahm das mittelste Haupt, von dem man sagte, daß es aus Gold gewesen wäre, und vergrub es, da es unsterblich war und er es auf keine Weise töten konnte, an der Landstraße, die dort vorbei von Lerna nach Elaius führt, und wälzte ei-

Krebs

nen schweren Stein darüber, damit es unten bleiben sollte. Und seine Pfeile tauchte er in das Blut, welches den Hälsen der Schlange entströmte, und da dieses Blut ein schlimmes Gift war, so wurden von nun an die Pfeile des Herakles unfehlbar tödlich.

3

Und Eurystheus schickte den Herakles zum drittenmal aus. Dies dritte Mal sollte es den ungeheuren Eber gelten, der in dem Erymanthischen Gebirge, dem Jagdrevier der Göttin Artemis, sein Unwesen trieb und es die Felder und Wiesen zwischen jenen Bergen schlimm entgelten ließ. Diesen Eber sollte Herakles lebend gefangennehmen und ihn herbeischaffen, ohne ihm auch nur im geringsten die Haut zu ritzen. Und Herakles begab sich in die Wälder, in denen das Tier sein Lager hatte, schrie, um es aufzuschrecken, und warf Steine, bis er es aufgetrieben hatte. Dann jagte er es unermüdlich, bis es im tiefen Schnee steckenblieb, warf eine feste Schlinge über es, lud es, das schwere Tier, auf seine Schultern und brachte es wirklich, so wie man ihm aufgetragen hatte, lebend nach Mykene. Eurystheus aber, als er den Herakles mit dem entsetzlichen Untier auf den Schultern herankommen sah, erschrak so sehr, daß er sich in ein riesiges, ehernes Faß verkroch, das ihm als Vorratsgefäß diente. Dies erzählen nicht nur die griechischen Erzähler, es erzählen es viel eindringlicher die Maler schwarz- und rotfiguriger Gefäße. Und so sehen wir den angsterfüllten Eurystheus in dem Faß, aus dem nur noch sein Kopf und seine Arme hervorschauen, während Herakles, den ungeheuren Eber auf seinem Rücken, seinen Fuß auf den Rand des Fasses setzt.

4

Die nächste Tat des Herakles war die Erjagung und Einbringung der Hindin der Diana oder der Artemis (um lieber doch die Göttin mit ihrem richtigen griechischen Namen zu benennen). Eine Hindin ist ja nun kein böses, gefährliches Tier, wie Löwe, Wasserschlange oder Eber. Aber diese Hindin der Artemis mit ihrem goldenen Geweih und ihren ehernen Hufen war ungemein schnell und unermüdlich im Laufen, und da dem Herakles auch diesmal aufs strengste aufgetragen war, daß er das Tier lebend herbeibringen sollte, so hatte er auch mit dieser Aufgabe seine liebe Not. Ein ganzes Jahr lang jagte er dem Tier über die ganze Erde nach, bis es endlich doch ermüdete und er es entweder schlafend überraschte oder mit einem Jagdnetz fing oder auch, als es an einen Fluß gekommen war und diesen überqueren wollte, ganz zart mit einem seiner Pfeile, die er zu diesem Zweck entgiftet hatte, am Halse ritzte. Nun war das Tier aber der Göttin Artemis besonders lieb und wert. Ihre Freundin, die Nymphe Taygeta, die als eine der Töchter des Atlas heute unter den sieben Pleiaden am Himmel steht, hatte es ihr geweiht, weil die Göttin sie selber einmal in eine ähnliche Hirschkuh verwandelt und so gerettet hatte, als Zeus sich in Liebe ihrer bemächtigen wollte. Und so liebte also Artemis das Tier und trat dem Herakles, als er es endlich gefangen hatte und nach Mykene schaffen wollte, zusammen mit ihrem Bruder Apollon entgegen und forderte das Tier als ihr Eigentum. Fast wäre Herakles der schwer errungenen Beute wieder verlustig gegangen. Aber seine göttliche Freundin, die Göttin Athene, stand ihm bei, und als er, das heilige Tier immer am Geweih festhaltend, der Göttin erklärte, daß ein schwerer Zwang von seinem Vetter her ihn nötige und er die Hindin dem Eurystheus bringen sollte, da verstand die Göttin gern und hatte Einsehen und überließ dem Herakles das Tier, so daß er es nach Mykene bringen konnte. Nach dem Dichter Pindar hat dieses Zusammentreffen des Herakles mit der Göttin Artemis sich, wundersam genug, in unserem Deutschland, und zwar im Schwarzwald an den schattigen Quellen der Donau abgespielt. Bis in jenes Land, noch hinter dem Wehen des kalten Nordwinds, wie jener Dichter meint, hatte die Hindin auf ihrer Flucht über die Erde den Herakles geführt, und als nun Herakles auf der Verfolgung des Tiers bis dorthin an die Donauquellen gekommen war, da war, o Wunder! dort ein Wald von grauschimmernden Oliven. Und Herakles blieb stehen, und ein Staunen ergriff ihn über die nie gesehenen schönen Bäume. Und er dachte daran, wie in Olympia, wo er an den heiligen Ufern des Alpheios die fünfjährigen Kampfesspiele gestiftet und seinem Vater Zeus Altäre geweiht hatte, kein schattiges Gewächs wuchs, um für die Sieger Kränze zu spenden, sondern die Erde war dort nackend den scharfen Strahlen der Sonne ausgesetzt. Und so ergriff denn Herakles ein süßes Verlangen, die Olivenbäume, wie er sie an der Donau sah, in Olympia um die Rennbahn zu pflanzen. Und er bat das freundliche Nordvolk der Hyperboreer, das damals an den Quellen der Donau saß, ihm ein Olivenreis von der Donau mitzugeben. Und er erhielt es und pflanzte es, als er die Hindin schließlich bei Eurystheus in Mykene abgegeben hatte, in Olympia ein, wo es herrlich gedieh und sich mit der Zeit in den schönsten Olivenwäldern über ganz Griechenland verbreitete. – Es scheint, bei allen Mühsalen, die ein Herakles zu bestehen hatte, war es doch eine schöne Zeit, als goldgehörnte Hindinnen durch die Länder streiften und auf dem Schwarzwald Olivenbäume wuchsen.

5

Wir kommen zu dem fünften Werk des Herakles: wie er die Stymphaliden erlegte und die Erde von diesen Plagegeistern säuberte. Diese Stymphaliden waren Vögel, die nicht nur entsetzlich gefräßig waren und wie Heuschrecken über die Felder kamen, um sie kahl zu fressen: sie waren zugleich die gefährlichsten Flugmaschinen, denn die Federn an ihren Flügeln waren Pfeile, die sie nach Belieben mit großer Treffsicherheit entsenden und raketenartig auf die Menschen abschießen konnten. Der Kriegsgott Ares hatte sie mit dieser Kunst ausgestattet. Und auch als Herakles sie in ihrem heimatlichen Sumpf ausgerottet hatte, sollen einige Gattungen dieser Raketen entsendenden fliegenden Kriegsmaschinen des Ares im fernsten Arabien fortgelebt und sich dort auch weiter fortgepflanzt haben. Man hat dieser Behauptung von dem Fortleben der Stymphaliden lange Zeit als einer bloßen Fabel den Glauben versagt. Doch trifft sie zu, wie wir heute wissen – und nicht nur für Arabien. Als aber Herakles von seinem Dienstherrn Eurystheus gegen diese Vögel gesendet wurde, scheuchte er sie zunächst einmal aus ihrem Schlupfwinkel im Walde auf und tötete sie dann mit seinen Pfeilen oder auch mit einer Schleuder, und auch diesmal stand ihm sein Neffe Iolaos bei. Oder: die dem Herakles so wohlgesinnte Göttin Athene hatte für ihn bei dem Schmiedegott Hephaistos eigens zu diesem Zweck mächtige Klappern aus Erz anfertigen lassen. Mit diesen Klappern, die unheimlich dröhnten, schreckte Herakles die Vögel auf, so daß sie sich in solcher Riesenzahl erhoben, daß sie mit ihren Flügeln die Sonne verdunkelten und schließlich vor dem Klapperlärm, den Herakles immer weiter ertönen ließ, fortflogen bis zur Ares-Insel, wo später die Argonauten mit ihnen zu tun bekamen.

6

Die sechste Arbeit des Herakles war anderer Art, nämlich Arbeit im eigentlichen Sinn des Wortes. Da war in der Landschaft Elis damals ein Königs Augias, dessen besonderer Stolz seine Rinderherden waren, die ihm so zahlreich wie Wolken am Himmel an den verschiedensten Plätzen seines Landes weideten. Des Abends wurden diese Rinder alle in ihre Pferche hineingetrieben, und in diesen hatte sich von den vielen Rindern mit der Zeit der Mist so angesammelt, daß da überhaupt kein Durchkommen mehr war. Um des Übels Herr zu werden, tat Augias kund: wer ihm den Mist wegschaffen würde, der würde einen weiten Teil seines Landes oder den zehnten Teil der Rinderherden zum Lohn erhalten. Zu dieser Arbeit schickte nun Eurystheus den Herakles. Und Herakles, als er zu Augias gekommen war, erbot sich, daß er den ganzen Mist an einem einzigen Tage wegschaffen wollte. Und Augias versprach ihm den angesagten Lohn; er meinte, daß Herakles dies nie fertigbrächte. – Herakles nahm zuerst einen großen Besen und begann, die Pferche auszufegen. Doch sah er bald, daß er auf diese Weise niemals mit dem vielen Mist zu Rande käme. Und so sann er auf ein besseres Verfahren, durchbrach die Umzäunungen, leitete den Fluß Alpheios ab und durch die Pferche hindurch, und wirklich schaffte das Wasser des Stromes das, was selbst ein Herakles mit seinem Besen niemals geschafft hätte, und schwemmte den Mist in kürzester Zeit hinweg. Als Augias aber sah, wie Herakles sein Versprechen gehalten hatte, wollte er ihn um den ausbedungenen Lohn betrügen: er sei nur ein Dienstmann des Eurystheus und habe gar keinen Lohn von ihm zu fordern. Das aber ließ sich Herakles nicht bieten. Er ging zunächst zwar seines Weges, kam aber in Kürze mit einem großen Heerhaufen wieder, den er gesammelt hatte, verwüstete dem treulosen Augias große Striche seines Landes mit Schwert und Feuer und tötete ihn schließlich selbst, um dann den Sohn des Augias, Phyleus, der im Zorn über den Wortbruch seines Vaters es mit Herakles gehalten hatte, zum neuen König in Elis einzusetzen. – In diesem Kriege, denn ein richtiger Krieg war es, vollbrachte Herakles übrigens noch eine besondere Heldentat, indem er das Zwillingspaar der Molionen überwand und tötete. Diese Zwillinge, Kteatos und Eurytos mit Namen, Söhne des Meeresgotts Poseidon und aus einem silbernen Ei entsprungen, fuhren einen Wagen mit schneeweißen Rossen und waren gewaltige Wagenkämpfer. Das Besondere aber war an ihnen, daß sie nicht nur Zwillinge waren, wie sonst Zwillinge: diese Zwillinge waren zusammengewachsen zu einer einzigen Person mit zwei Köpfen, vier Armen und vier Beinen. Sie waren ungemein stark und gelenkig, so daß später für einen Menschen, der eine besondere Körperkraft zur Schau trug, das Sprichwort bei den Griechen aufkam: »Gegen den sind die Molionen gar nichts!« Tatsächlich erschlugen sie zunächst dem Herakles fast sein ganzes Heer, er selbst mußte fliehen, bis er sich erschöpft an dem Bache Bady niederließ. Doch als er von dem Wasser des Baches trank, fühlte er in sich eine wundersame neue

Stier

Kraft und ging hin und erschlug die zusammengewachsenen Riesenkerle, als sie auf dem Weg zu den Isthmischen Spielen waren.

7

Und Eurystheus sandte unseren Herakles zu einer neuen Arbeit aus. Diesmal sollte er ihm den kretischen Stier lebendig schaffen. Dieses Tier mögen wir an unserem Himmel in dem Sternbild des Stieres wiedererkennen, dessen rotleuchtendes Auge der schöne Stern Aldebaran ist und dessen Kopf die Hyaden bilden. Man erkannte bei den Griechen in jenem Stier am Himmel zwar auch das weiße, zahme, mächtige Tier, in dessen Gestalt sich Zeus der schönen phoinikischen Königstochter Europa genähert hatte, als sie Blumen pflückte, um sie sodann auf seinem Rücken über das Meer nach Kreta hinüberzutragen, woher jetzt noch Europa Europa heißt. Doch erzählt man auch, Zeus habe sich nicht selbst in den Stier verwandelt, sondern eben unseren kretischen Stier geschickt, der das Mädchen sicher nach Kreta hinüberbrachte, und dieser Reisestier Europas sei dann als Sternbild an den Himmel gekommen. Nun, dieser Stier hauste damals weiter auf Kreta, wo er wild und herrenlos umherlief. Er erweckte auf wunderbare Weise die Liebe der kretischen Königin Pasiphaë, mit der zusammen er den scheußlichen Bewohner des bekannten Labyrinths, den Minotauros, erzeugte, wurde dann aber zur Strafe dafür von dem Gott Poseidon mit Raserei geschlagen und raste nun feuerspeiend als schlimmste Plage auf der Insel Kreta umher. Dieses wilde Tier also sollte Herakles nun auf den Befehl des Eurystheus wieder einmal lebendig nach Argos bringen. Herakles hatte, wie sich von selbst begreift, damit seine rechte Not. Indessen, er ereilte den Stier und stieß ihm im Rennen den linken Oberschenkel in die Flanken, hielt ihn am Horn fest, und als dann das Tier einen Satz macht, wirft er ihm einen Strick um Schnauze und Vorderbein, hält fest, schwingt seine Keule über ihm, zwingt ihn mit einem Ruck auf die Vorderbeine und schultert ihn schließlich gebunden, so wie schon früher den Erymanthischen Eber, ja man erzählt, er habe diesen erprobten Schwimmer sogar gezwungen, ihn durchs Meer auf seinem Rücken nach Argos zu tragen. Als er ihn dann dem Eurystheus vorgeführt hatte, ließ er ihn wieder springen, und nun raste das schreckliche Vieh durch Griechenland, verwüstete Lakonien und Arkadien, überquerte die Meeresbucht von Korinth, bis es sich schließlich in Attika bei Marathon festsetzte, wo ihm als dem »marathonischen Stier« am Ende Theseus als der spezielle Held Athens den Garaus machte.

8

Und wieder schickte Eurystheus den Herakles aus und befahl ihm, die Rosse des Diomedes herbeizuschaffen. Diomedes war König in Thrakien, und seine vier Rosse waren so wild und stark, daß man sie nur mit eisernen Ketten binden konnte: sie schnoben Feuer, fraßen aus Krippen von Erz und bevorzugten als Futter Menschenfleisch. Diomedes selbst war ein schrecklicher Wüterich und pflegte die Fremden, die im Vertrauen auf seine Gastfreundschaft zu ihm kamen, den Pferden vorzuwerfen, um später aus den Schädeln der Aufgefressenen für seinen Vater, den Kriegsgott Ares, einen Tempel zu erbauen. – Auch hier bewies sich nun Herakles als ein wahrer Reiniger der Erde. Er ergriff zunächst einmal den König Diomedes selbst, der die Pflichten des Gastrechts so grausam mißachtet hatte, und warf ihn den eigenen Pferden vor, und er tat damit, ohne es zu wissen, das Beste, was er nur tun konnte, um die Pferde zu erbeuten. Denn als diese sich an dem Fleisch ihres eigenen Herrn gesättigt hatten, so wurden sie auf einmal lammfromm, und Herakles konnte sie mühelos zu seinem Dienstherrn Eurystheus führen. – Nach anderen freilich ist dies Abenteuer doch schwieriger gewesen und hat unseren Helden in großes Leid gestürzt. Man sagt nämlich, er habe zu dem gefährlichen Unternehmen den schönen Knaben Abderos mitgenommen, einen Sohn des Hermes, den er sehr liebte. Als man dann mit der Pferdebeute bereits wieder auf dem Rückweg war, soll es doch noch einen Kampf mit dem am Leben gebliebenen König Diomedes gegeben haben. Herakles erschlug ihn schließlich mit seiner Keule. Doch als er sich dann wieder den erbeuteten Pferden zuwandte, da hatten diese ihm seinen Liebling Abderos aufgefressen. Ihm zu Ehren gründete Herakles – denn er bewies sich auf seinen weiten Wegen auch stets als ein großer Gründer von Städten wie auch Festen – eine Stadt, die er nach dem Knaben Abdera nannte.

Wenn Herakles aber auf dieser Fahrt in Diomedes einen Menschen bestrafte, der das Gastrecht nicht achtete, so zeigte er selbst auf eben dieser Fahrt, wie er eine echte Gastlichkeit zu erwidern wußte. Er kehrte auf seinem Wege nämlich in Pherai, der alten Stadt Thessaliens, ein und wurde dort von Admet, dem König, zu seiner Verwunderung in Trauerkleidern mit geschorenem Kopf und nassen Augen empfangen. Seine geliebte Gattin Alkestis war gestorben. Admet aber, um den Gast nicht zu betrüben und einzuschränken, gab vor, daß nur eine fremde Waise bei ihm im Haus gestorben wäre. Herakles, über diese Auskunft beruhigt und müde und hungrig von der Reise, setzte sich zu Tisch und aß und trank, so wie es nun einmal seine Art war, tüchtig, und als der gute Wein an ihm sein gutes Werk zu tun begonnen hatte, fing er an, in aufgeräumtester Stimmung zu singen und zu randalieren. Da aber hält es ein Diener nicht mehr aus und verrät ihm, daß nicht nur eine fremde Waise, sondern die Gattin des Königs selbst gestorben sei und nun schon in dem behauenen Totenmal an der Straße nach Larissa zu bestattet läge. Und Herakles, alsbald ernüchtert, macht sich zu dem Grabmal auf und kommt dort gerade zurecht, als Thanatos, der schwarzbeschwingte Todesdämon, dorthin kommt, um von dem Opferblut zu trinken. Und Herakles stürzt sich auf den Tod und ringt mit ihm, und als er ihn so fest im Griff hat, daß dem Tod die Seiten zu schmerzen beginnen, muß er ihm versprechen, daß er ihm alsbald die tote Alkestis wieder hergibt. Und so stellt er sie ihrem Gatten Admet wieder dar und beweist damit, wie ein Herakles es versteht, eine edle Gastlichkeit zu erwidern.

9

Von nun an gehen die Unternehmungen des Herakles immer mehr ins große. Eurystheus schickt ihn in immer weiter entfernte Landstriche der Erde, und an die Aufträge des Euystheus schließt Herakles immer größere eigene Unternehmungen an. – Im Nordosten Kleinasiens, nicht weit entfernt vom Land der Skythen, lebte das kriegerische Weibervolk der Amazonen, und ihre Königin Hippolyte besaß einen berühmten kostbaren Gürtel, den die Tochter des Eurystheus, Admete mit Namen, auf jede Weise besitzen wollte. Und also schickte denn Eurystheus den Herakles nach diesem Gürtel der Amazonenkönigin aus. An dem Zug in die Ferne, den Herakles so unternahm, beteiligten sich noch andere Helden, darunter Telamon, der später der Vater des Aias werden sollte, und vielleicht auch der Bogenschütze Alkon, der seine Pfeile so sicher entsandte, daß er damit durch einen Ring traf, den man auf den Kopf eines Menschen gelegt hatte, und mit dem Pfeil sogar Haare spalten konnte. Man landet nach langer Fahrt im Amazonenland am Fluß Thermodon, nicht weit entfernt von der Hauptstadt der Amazonen, Themiskyra. Man verhandelt, die Königin Hippolyte zeigt sich zunächst bereit, den Gürtel gutwillig zu übergeben. Da aber nimmt Herakles' Feindin Hera die Gestalt einer Amazone an und reizt die Amazonen auf, daß sie sich in Waffen auf ihren Rossen auf das Schiff des Herakles werfen. Es kommt zur Schlacht, in der die Schwester der Königin, Melanippe, gefangen wird, worauf Hippolyte sich genötigt sieht, ihre Feldherrin mit dem Gürtel freizukaufen. Und so brachte Herakles glücklich den Gürtel dem Eurystheus und dessen habsüchtiger Tochter.

Hier aber müssen wir noch kurz erzählen, wie den Herakles die Fahrt zu den Amazonen in noch andere

Abenteuer verwickelte, die er bei Wege erledigte. Man kam in Troja vorbei, wo damals Laomedon als König herrschte. Ihm hatten sich die beiden Götter Poseidon und Apollon auf Befehl des Zeus für ein ganzes Jahr verdingt als Knechte, waren dann aber von Laomedon um ihren Lohn betrogen worden. Zur Strafe sandte Poseidon ein Meerungeheuer gegen das Land, und der König hatte seine eigene Tochter Hesione, um das Land von der Plage zu befreien, gefesselt am Strande dem Ungeheuer aussetzen müssen. So standen die Dinge in Troja. Als Herakles auf seiner Fahrt gegen die Amazonen nun dort bei Troja Anker geworfen hatte und sich mit seinem Freunde Telamon am Ufer erging, da vernahmen sie plötzlich die klagende Stimme der an einen Felsen gefesselten schönen Hesione. Was weiter geschah, sagt man sich selbst. Herakles nimmt, wie sich versteht, den Kampf mit dem Untier auf und erlegt es, doch freilich auf eine besondere Weise. Denn als das herangekommene Untier seinen Rachen öffnet, um den Helden zu verschlingen, steigt Herakles kurzerhand in den Rachen des Ungetüms und tötet es von innen und entsteigt, wie einige sagen, erst drei Tage später als Sieger dem Leib des toten Tieres. Laomedon freilich, dem nun einmal der Betrug zur zweiten Natur geworden war, versucht auch den Herakles um den ausbedungenen Lohn zu bringen, worauf dieser auf der Rückfahrt vom Amazonenlande zusammen mit seinen Kampfgefährten gegen Troja zieht und die berühmte Feste zum erstenmal zerstört. Laomedon und alle seine Söhne werden getötet. Einer nur bleibt am Leben, Priamos, jener unglückselige Mann, der später die endgültige Zerstörung der Stadt durch die Griechen erleben mußte.

10

Auch das zehnte Unternehmen des Herakles führte ihn in fernste Fernen der Erde, aber diesmal nicht wie bei den Amazonen nach Osten, sondern in den fernsten Westen, wo jenseits des Weltstroms, des Okeanos, ein Nachkomme jenes Chrysaor lebte, der aus dem Blute der von Perseus erschlagenen Gorgone entsprungen war. Es war dieses der gewaltige dreileibige Geryoneus, seine Basen waren die schreckliche Chimaira, die Sphinx wie auch jene Wasserschlange von Lerna, die Herakles bereits vernichtet hatte. Er besaß eine Herde von wunderschönen Rindern von herrlich purpurroter Farbe. Und diese purpurrote Herde herbeizuholen war dem Herakles diesmal befohlen worden. Wie aber sollte er über den Ozean gelangen? Herakles machte sich auf die Reise und kam durch viele wilde Gegenden. Er kam nach Libyen in Afrika, wo er im Vorübergehen die dort lebenden wilden Tiere ausrottete und Ackerbau und Weinbau lehrte. Er kämpfte in Iberien und in manchen anderen Ländern und wurde auf seinem Wege ganz entsetzlich geplagt von der heißen südlichen Mittagshitze. Im Zorn darüber richtete er auf Helios, den Sonnengott, selber seinen Bogen. Doch der strahlende Gott nahm ihm dieses nicht übel, sondern staunte über den Mut dieses Menschen und beschloß, ihm zu helfen. Er beauftragte den Meeresalten Nereus damit, dem Herakles für die Fahrt über den Ozean den Sonnenbecher zu leihen – das war jenes wundersame von dem Schmied Hephaistos gefertigte, mit Flügeln versehene Meeresfahrzeug, in dem der Sonnengott stets des Nachts, wenn er in seinem Wagen von Ost nach West über den Himmel gefahren war, wieder rings um den Okeanos von West nach Ost fuhr, um am nächsten Morgen im Osten wieder pünktlich aufgehen zu können. Und so fuhr Herakles in diesem Sonnenbecher ebenso schnell wie bequem durch den Okeanos nach Westen, gelangte an die Meerenge von Gibraltar und errichtete hier auf beiden Seiten des Sunds zum Zeichen dafür, daß er hier durchgekommen war, die berühmten Säulen des Herakles, die später lange den Griechen auch als Zeichen dafür galten, daß man darüber hinaus nicht schiffen dürfe. Als er schließlich auf diese Weise zur roten Insel Erytheia gelangt war, wo der dreileibige Geryoneus mit seinen Herden lebte, da fuhr, als er sich den Herden näherte, der schreckliche Hütehund des Geryoneus, der zweiköpfige Orthos, wütend auf ihn los. Aber Herakles erschlägt ihn mit seiner Keule und ebenso den Hirten der Herde, Eurytion. Und demselben Schicksal entrann auch Geryoneus nicht, als er, während Herakles die Herde zusammentrieb, herangelaufen kam. Nur hatte der ja nun drei Leiber, und Herakles mußte einen Leib nach dem andern töten. Das Grab dieses Riesen wurde noch lange Zeit in Gadeira im südlichen Spanien gezeigt. Es war ein Grab besonderer Art, denn Bäume wuchsen auf ihm, die sich beständig aus Nadelbäumen zu Laubbäumen und aus Laubbäumen zu Nadelbäumen verwandelten. Sie mußten mit Blut begossen werden, und ihre Früchte sahen aus wie Kirschen, hatten aber keine Kerne.

Herakles hatte auf dem langen Rückweg noch manche Abenteuer zu bestehen, zumal die rotleuchtende Herde das Verlangen so manches Rinderdiebs erweckte. Er kämpfte in Ligurien mit den Ligurern, mußte sich des schrecklichen Räubers Kakus erwehren, eines wilden Mannes mit langem Haar und Bart, der einen ausgerissenen Baum wie einen Stab in seinem Arm trug, gelangte aber schließlich doch wohlbehalten heim, nachdem ihm Hera am Ende seine Rinder noch rasend gemacht hatte und sie ins Gebirge wild und wütig auseinanderfuhren, so daß Herakles sie nur mit Mühe wieder einsammeln konnte.

11

Darauf schickte Eurystheus den Herakles zu seiner elften Arbeit aus. Diesmal sollte er Kerberos, den Höllenhund, einfangen und aus der Unterwelt herbeischaffen. Dieser Kerberos war ein schreckliches Ungeheuer, er hatte eine Stimme wie aus Erz, wenn er bellte, fraß nur rohes Fleisch und war ebenso hündisch-schamlos wie gewalttätig. In der Schlucht des Gebirges Tainaron stieg Herakles in die Unterwelt hinab, wo der Totenkönig und die Totenkönigin den nun schon berühmten Helden freundlich empfingen: »Ja, er dürfe den Kerberos fesseln und mit sich nehmen, doch müsse er ihm waffenlos entgegentreten.« Und so macht sich Herakles, nur mit Panzer und Löwenfell bekleidet, an der Pforte des Acheron an das schreckliche Untier und überwältigt es, indem er es würgt, bis ihm der Atem ausgeht, wobei er es freilich nicht verhindern kann, daß Kerberos ihn mit seinem Schwanz, an dessen Ende der Kopf einer Schlange war, empfindlich ins Bein beißt. Doch fesselt er ihn, indem er den Kopf des Hundes zwischen seine Beine klemmt, zieht ihn an einer Kette nicht ohne Mühe mit sich fort aus der Unterwelt heraus und durch das ganze Land, wo Weiber und Kinder überall erstarren, wenn sie die schrecklich glühenden Augen des Untiers sehen, und auch der Dienstherr Eurystheus sich wieder einmal vor Schrecken eilends in sein Faß verkriecht. – Natürlich aber konnte dieser Unterweltshund nicht für immer an der Oberwelt bleiben, zumal das ungewohnte Tageslicht dem Tier so zusetzte, daß es Galle spie, woraus dann eine Giftpflanze entstand. Und so brachte Herakles also den Hund, nachdem er ihn ordnungsgemäß vorgewiesen hatte, wieder in die Unterwelt zurück, wo er weiter in seinem Geschäft fortfuhr, wenn nicht die Lebenden, so die Toten zu erschrecken.

12

Zum zwölften und letzten Male sandte der Dienstherr Eurystheus den Herakles aus, um die goldenen Äpfel der Hesperiden herbeizuholen. Und so kam es, daß der Held, der eben in die Hölle hinabgestiegen war, nun aufbrach, um ein Paradies zu besuchen. Als nämlich der Göttervater Zeus und Hera vor Zeiten Hochzeit hielten, da brachte die Allmutter Erde der Braut zum Geschenk goldene Äpfel dar, die jedem, der davon genoß, Unsterblichkeit und ewige Jugend gaben. Hera pflanzte die Äpfel in den Göttergarten im fernsten Westen an den Grenzen der Erde. Dort wohnten Nymphen, die süß singenden Hesperiden, drei an der Zahl. Ihr Vater war Atlas, der am Ende der Erde auf seinen Schultern den Himmel hält, ihre Mutter war die Nacht und ihre Schwestern die Schicksalsgöttinnen, die Moiren, wie auch die Todesgöttinnen, die Keren. Ein fürchterlicher Drache war als Wächter unter den Baum gesetzt, an dem die goldenen Äpfel hingen. Er hatte hundert Köpfe, eine ganze Menge verschiedener Stimmen und schlief niemals. Es war der Drache, den wir noch heute am Himmel zwischen dem Großen und dem Kleinen Bären sich weithin ringeln sehen. – Auf dem Weg nach Westen zu jenem Göttergarten begegneten dem Herakles nun wieder die verschiedensten Abenteuer. Er mußte mit dem Meeresalten Nereus ringen, damit dieser ihm den Ort verriete, wo der Göttergarten zu finden war. Und dieser Ringkampf war äußerst schwierig, weil Nereus, als Herakles ihn packte, die verschiedensten Gestalten annahm und sich bald in Wasser, bald in Feuer verwandelte. Sodann kam Herakles, als er den Kaukasos durchquerte, an der Stelle vorbei, wo Prometheus gefesselt hing, weil er für die Menschen das Feuer vom Himmel gestohlen hatte. Ein Adler kam tagtäglich und hackte und fraß an seiner Leber. Nun, Herakles erschoß den Adler und machte den Prometheus los, der ihm dafür den guten Rat gab, er solle seinen Bruder Atlas dazu bewegen, daß er ihm die Äpfel pflückte. Den Adler und den Pfeil, mit dem Herakles das Tier traf, versetzte Zeus dann als Sternbilder an den Himmel. Und weiter begegnete Herakles dem Antaios. Der war ein ungeschlachter Riese und Sohn der Erde und fast unüberwindlich. Denn gelang es einem, ihn beim Ringkampf zu Boden zu werfen, so empfing er durch die Berührung mit seiner Mutter Erde stets neue Kraft und wurde nur um so gefährlicher. Auch Herakles rang lange mit dem Riesen vergeblich, doch kam ihm, als er schon zu ermatten drohte, endlich der rettende Gedanke. Er nahm seine ganze Kraft zusammen, hob den Riesen in die Luft empor, so daß er mit den Füßen nicht mehr den Boden berühren konnte, und so drückte er ihn in seinen Armen schwebend glücklich tot. Auch den grausamen Ägypterkönig Busiris, der

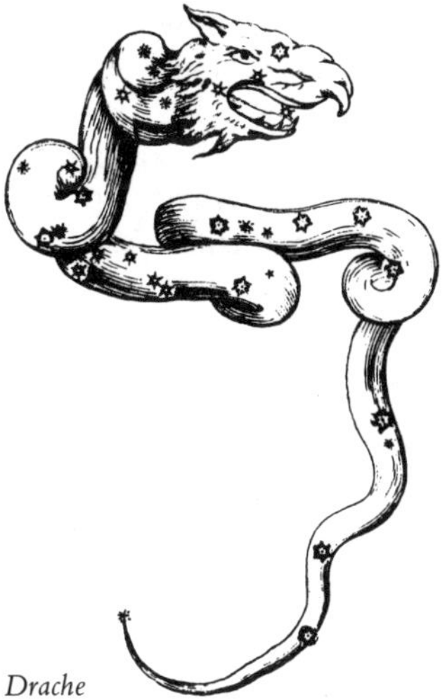

Drache

alle Fremden an einem Altar zu opfern pflegte, hat er auf dieser seiner Fahrt erledigt. Lammfromm ließ Herakles sich zunächst mit Stricken binden, doch wie der Priester dann das Messer gegen ihn erhob, zerriß er seine Stricke und tötete den Priester wie den König. – Schließlich gelangte er an den Rand der Erde, wo Atlas stand und das Himmelsgewölbe trug. Atlas ist gern bereit, als Herakles ihn bittet, für ihn die goldenen Äpfel der Hesperiden zu besorgen. Allein: »Er müsse derweil das Himmelsgewölbe tragen, da dieses sonst vielleicht einbrechen könnte.« Und so hält Herakles nun den ganzen Himmel auf seinen starken Schultern, und Athene, die Götterfreundin, steht neben ihm und hilft ihm tragen: er mit angespannter Muskelkraft, die Göttin nur mit einer leichten Gebärde des Armes und der Hand. Als Atlas aber nun glücklich mit den Äpfeln der Hesperiden zu Herakles zurückkommt, da erbietet er sich gleisnerisch, *er* wolle die Äpfel zu Eurystheus bringen, wenn Herakles weiter statt seiner den Himmel hält. Herakles aber ist klug genug, sich zu sagen, daß Atlas von diesem Botengange gewiß nicht wiederkehren würde und er also für alle Zeiten den Himmel hochzustemmen habe. Und so stellt er sich so, als ob er das Angebot des Atlas annehme, nur müsse er sich vorher ein Tragkissen herrichten, und solange möge Atlas noch den Himmel halten. Darauf geht Atlas ein, legt die Äpfel säuberlich auf die Erde nieder, übernimmt den Himmel wieder, Herakles aber ergreift recht schnell die Äpfel, macht dem Atlas seine Reverenz und gelangt glücklich zu Eurystheus nach Mykene.

Das waren die zwölf »Arbeiten« des Herakles, die sein Leben erfüllten und es so schwer und zugleich doch auch so groß gemacht haben. Wir kommen nun zum Lebensende des Helden und müssen hierzu der Tatsache gedenken, wie dieser große Mann zwar immer viel Glück *in*

Adler

der Liebe, allein nicht *durch* sie gefunden hat, die ihm vielmehr so manchen Kummer, manche Erniedrigung eintrug und ihn schließlich zu einem qualvollen Tode, und erst aus diesem zur Unsterblichkeit führen sollte.

Die erste Frau des Herakles war Megara, die Tochter Kreons, des Königs von Theben, gewesen. Sie schenkte ihm acht blühende Söhne. Da geschah es, daß ein gewisser Lykos, als Herakles ausgezogen war, um den Höllenhund heraufzuholen, sich der Herrschaft über Theben bemächtigte und über Megara und ihre Kinder den Tod verhängte, um ganz nach Usurpatoren-Art das Geschlecht des rechtmäßigen Herrschers auszurotten. Und nun geschieht das Furchtbare, daß Herakles zwar gerade noch im rechten Augenblick zurückkommt, um Frau und Kinder zu retten, doch wie er nach der Tötung des

Tyrannen sodann am Altar seines Vaters Zeus ein Sühneopfer darbringen will, erscheint von Hera her gesandt, Lyssa, die Göttin des Wahnsinns, und umnachtet ihn. Und er glaubt statt der eigenen Kinder die seines Feindes Eurystheus vor sich zu haben und erschießt sie im Wahnsinn, sowie auch Megara, die zu Hilfe eilt, mit seinem Bogen. Fast hätte er auch den eigenen Vater Amphitryon getötet, wenn Athene ihn nicht mit einem schweren Stein vor die Brust getroffen hätte, der den Rasenden bewußtlos niedersinken läßt. Als er wieder erwacht und sieht, was er getan hat, ist er ein gebrochener Mann, der sich in aller seiner Kraft nun willenlos von dem gütigen Freunde Theseus, den er eben aus der Unterwelt befreit hat, nach Athen führen läßt, wo ihm bestimmt ist, ein Asyl zu finden.

Die zweite Frau des Herakles war Deianeira, die Tochter des Königs von Aitolien, Oineus. Sie war dem Flußgott Acheloos zur Frau bestimmt, den sie aber von ganzem Herzen haßte, weil er vor ihr entweder in der Gestalt eines Stiers erschien oder eines Menschen mit einem Stierkopf. In ihrer Not kommt Herakles herbei, ringt mit dem Flußgott und es gelingt ihm, diesem das Horn abzubrechen: in diesem Horn lag die ganze Kraft des Acheloos und ohne es unterlag er dem Herakles leicht. Und so führte Herakles nun die schöne Deianeira als seine Gattin mit sich fort. Da aber müssen sie auf ihrem Wege einen Fluß überqueren, und der Kentaur Nessos, der an diesem Fluß Fährdienste leistet, nimmt die Deianeira auf seinen Rücken. Doch als er in der Mitte des Flusses ist, will er sich an der schönen Frau vergreifen. Sie schreit und Herakles erschießt den Nessos mit einem seiner vergifteten Pfeile. Und der sterbende Kentaur gibt heimtückisch der Deianeira den Rat, sie solle ein Klümpchen von seinem Blute aufbewahren, das der giftige Pfeil des Herakles nun auch vergiftet hat. Sollte Herakles ihr einmal untreu werden, so könne dieses Blut als Liebeszauber ihr die Liebe ihres Gatten wieder zuwenden. Jahre vergehen, da geschieht es wirklich, daß Herakles die schöne Iole, die Tochter des Königs Eurytos von Oichalia, sieht und von Leidenschaft zu ihr ergriffen wird. Eurytos, der ein großer Bogenschütze ist, verspricht dem Herakles Iole, wenn er ihn im Bogenschießen überträfe. Allein, als Herakles ihn dann besiegt und das Kügelchen, das man auf weite Entfernung als Schußziel aufgestellt hat, mehrmals trifft, verweigert ihm Eurytos dennoch die Iole und verhöhnt ihn: er behaupte zwar, unfehlbare Pfeile zu haben, schieße aber nur schlecht und rede eine Sprache, die jedes Ohr verletze, denn er spreche wie ein Troßknecht aus dem Barbarenland. Zornig zieht Herakles seines Weges, schließt Freundschaft mit Iphitos, der ein Sohn des Eurytos ist, lädt ihn an seinen Tisch und stürzt ihn dann hinterrücks vom Turm der Burg. Durch diese Untat der dunklen Leidenschaft hatte Herakles sich nun mit schwerer Schuld befleckt, und so zog er zu dem delphischen Orakel, um zu erfahren, wie er sich entsühnen könne. Doch die Priesterin verweigert ihm als einem schlimmen Mörder jede Auskunft, und Herakles, rasend vor Wut, ergreift den heiligen Dreifuß, von welchem aus die Priesterin ihre Sprüche gab, und will mit diesem Dreifuß ein neues Orakel gründen. Da eilt der Gott Apollon selbst herbei, und zwischen ihm und Herakles, der den Dreifuß auch so nicht fahren läßt, entspinnt sich ein schwerer Kampf, bis Zeus mit dem Blitz zwischen die beiden kämpfenden Söhne fährt. Und nun gibt Apollon selbst die erbetene Antwort: auf drei Jahre hin müsse Herakles sich als Sklave verkaufen lassen und den Kaufpreis auf seinen eigenen Leib als Blutgeld für die Ermordung des Iphitos entrichten. Und so kommt Herakles als Sklave zu Omphale. der Königin von Lydien, und muß, der große Held, nun gar als Bediensteter einer übermütigen Frau die unerträglichste Schande leiden. Sie befiehlt ihm, Löwenhaut und Keule abzulegen und Weiberkleidung anzuziehen, und während sie in seiner Löwenhaut einhergeht, muß der Held am Rocken sitzen, spinnen und allerlei andere Weiberarbeit tun. Da betrank sich Herakles in dem Gefühl der Demütigung wieder einmal sinnlos, randalierte, schlug das Tympanon und lag schließlich, angetan mit dem Weiberrock, trunken am Boden. Es war seine schlimmste Erniedrigung. Als Herakles auf diese schlimme Art drei Jahre gedient hatte, wurde er wieder frei und rüstete nun, ohne erst nach Hause und zu Deianeira zurückzukehren, einen Rachefeldzug gegen Eurytos in Oichalia, erobert die Stadt, tötet den König und feiert mit der immer noch geliebten Iole auf den Trümmern ihrer Vaterstadt eine gewalttätige Hochzeit. Um zu entfliehen, hatte Iole sich gar von der Mauer der Stadt gestürzt, doch ihre Gewänder hatten sich im Winde so aufgebläht, daß sie nur sanft in die Tiefe hinabgetragen wurde und nicht den geringsten Schaden nahm. Herakles aber schickte sie, nachdem sie seine Frau geworden war, mit dem siegreichen Heer voraus zu Deianeira, die traurig Jahr für Jahr auf ihn gewartet hatte und es nun nach Jahren angsterfüllten Harrens auf den Gemahl erleben muß, daß er ihr eine junge fremde Königstochter als zweite Frau ins eigene Haus schickt. Da erinnert sie sich jenes Liebeszaubers, den sie in jenem Klümpchen Blut des sterbenden Kentauren immer noch aufbewahrt. Und sie rührt es frisch an, bestreicht ein Gewand damit und schickt es dem Herakles, daß er das Gewand bei dem Opfer tragen möge, das er draußen auf dem Vorgebirge Kenaion vor dem Einzug in dieses Haus als Dank für seinen Sieg den Göttern darbringe. Sie denkt nicht daran, daß es dem Gatten schaden könnte. Als Herakles aber das Gewand anlegt, schmiegt es sich eng und enger um seinen Leib, klebt seinen Gliedern an, frißt sich wie Feuer in sie und verursacht ihm die brennendsten Qualen. Will er es herunterreißen, löst sich zugleich sein Fleisch in Fetzen von seinem Leibe, und der Schmerz wird noch unerträglicher. Es nützt nichts, daß der im Schmerz bis zum Rasen gepeinigte Mann den unschuldigen Überbringer des Gewandes gegen die Meeresklippen schleudert. Den sich in Qualen Windenden trägt man auf einer Bahre in die Stadt, wo Deianeira, als sie erfuhr, was sie getan, sich erstochen hatte. Herakles verflucht sie nur und tobt auf das schrecklichste in seinen Qualen. Doch als er dann von seinem Sohne Hyllos erfährt, daß der von ihm vor Jahren getötete Kentaur Nessos nun so seine Rache an ihm nimmt, da fällt die Einsicht über ihn, daß alles nur so gekommen ist, wie es kommen mußte, und still und gesammelt läßt er sich auf den Berg Oita tragen, wo er den Göttern am nächsten ist, und dort einen riesigen Scheiterhaufen errichten. Aber niemand findet sich, auch Hyllos nicht, um den Scheiterhaufen anzuzünden. Da kommt der Held Philoktet jenes Weges und willfahrt der Bitte des Herakles und tut ihm den Liebesdienst und wirft die Flamme in den Scheiterhaufen. Und Herakles schenkt ihm dafür seinen Bogen und die Pfeile, mit denen Philoktet später einmal Troja erobern wird. Und so fällt Troja dann zum zweitenmal durch dieselbe Waffe. Und Herakles, der ruhig und todbereit sein Vermächtnis geordnet hat, wird aus den Flammen – manche sagen, daß eine Gewitterwolke ihn hinaufhob, manche, daß er auf einem Viergespann emporfuhr – zum Himmel entrückt, während Quellennymphen den brennenden Scheiterhaufen auslöschen. Den Olymp betritt, wie alte Darstellungen zeigen, Herakles, von den beiden Göttern Hermes und Athene geleitet, fast zaghaften Schritts und hebt den Zeigefinger, so als ob er über die Herrlichkeit des neuen göttlichen Daseins erstaune. Dann erhält er unter den zwölf

Göttern des Olymps seinen Platz und wird in ihrem Kreis Ambrosia und Nektar speisen und Hebe, die Göttin der Jugend, wird dem Mann zur Frau gegeben, der als Mensch die größten Leiden erlitten hat, die nur ein Mensch erleiden konnte, und aus Schuld und Leiden heraus empor zu den Göttern erhoben wurde.

DAS SCHIFF ARGO

Das Sternbild des Schiffs, wie wir heute einfach dazu sagen, erhebt sich zur Herbsteszeit tief unten am südlichen Himmel, östlich vom Großen Hund mit dem hellen Sirius, und es verschwindet im Frühjahr wieder in den Abendstunden. Es steht, weil es ein so südliches Sternbild ist, nie weit über dem Horizont, ist aber ausgezeichnet durch den um die Zeit Alexanders des Großen schon von den Griechen bemerkten Stern Kanopos, dem man im Morgenlande Wunderkräfte zuschrieb. Auf spätgriechischen Himmelsgloben ist es, wenn auch nur zur Hälfte (weil es meist eben nur zur Hälfte heraufsteigt), doch als ein rechtes Prachtschiff dargestellt, mit einem Flaggenmast, doppeltem Steuerruder, Schiffsleine, Schiffshaken (zum Anlegen), einem Knauf am Hintersteven und Schilden an der Bordwand, die mit Sternen geschmückt sind. Dieses Prachtschiff am Himmel stellt nun aber zugleich das Urschiff dar, das als das erste aller Schiffe das Meer befuhr. Athene, die Göttin des kunstreichen Handwerks, hat es an den Himmel gesetzt, damit die Schiffer bei ihrem schweren Werk auf der hohen See Mut fassen und sogar im Schiffbruch noch Vertrauen haben können, wenn sie dies Urbild des Schiffes am Himmel sehen. Und unter Athenes Anleitung ist es auch erbaut worden, um als erstes Schiff den Helden Iason und mit ihm viele andere berühmte Helden über das Meer zum fernen Kolchis im Osten zu tragen, damit Iason das Goldene Vlies erbeuten könne. Wie alle Schiffe noch heutzutage, hatte auch dieses Urschiff einen Namen: es hieß Argo, die Schnelle. Und wie es nun zu seiner Erbauung kam, warum es ausgesendet wurde und welchen Abenteuern es den Iason und seine Gefährten entgegentrug, das wollen wir nun auf den folgenden Blättern erzählen.

In Iolkos, einer uralten Burgstadt in Thessalien nahe beim hohen Pelion-Gebirge und dem Meer, herrschte König Aison, und sein Sohn war Iason. Doch hatte Aison einen Halbbruder, Pelias mit Namen, der ein frevelhafter Mensch war. Dieser verdrängte den sanfteren Bruder aus der Herrschaft, ließ ihn aber, weil er ihn für unschädlich hielt, ruhig in der Stadt Iolkos weiterleben. Den kleinen Iason freilich, welcher damals noch in seinen purpurnen Windeln lag, hätte er gern getötet, um in ihm den kommenden Rächer zu beseitigen. Allein da ließen die Eltern Iasons im Hause ein Totenfest ausrichten und alle Weiber im Hause wehklagen, so als ob Iason gestorben wäre, und schickten ihn heimlich in die Bergwildnis des Pelion-Gebirges zu dem Kentauren Cheiron. Dieser Cheiron war zwar, wie alle anderen Kentauren, halb Mensch, halb Pferd, allein – anders als diese wilden, weingierigen und weibertollen Burschen – war er von sanfter, freundlicher Gemütsart, ein Jäger und Arzt und noch in vielen anderen Dingen so wohlbewandert, daß man ihn den Weisen nannte und so manche Heldenväter ihre Söhne bei ihm erziehen ließen. So erzog er den Achill, den Aktaion und den Gott der Ärzte Asklepios, den er die lindernden Balsame, die heilenden Tränke, das Schneiden wie das Brennen lehrte. Später geschah es ihm, daß ihm einmal einer der giftigen Pfeile des Herakles versehentlich auf den Fuß fiel und ihn verletzte. Und er, der weise Arzt, erhielt so eine Wunde, die immerfort schwärte und ihm, der unsterblich war, ein ewiges Leben in ewiger Qual verhieß. Da zog Cheiron es vor, die ei-

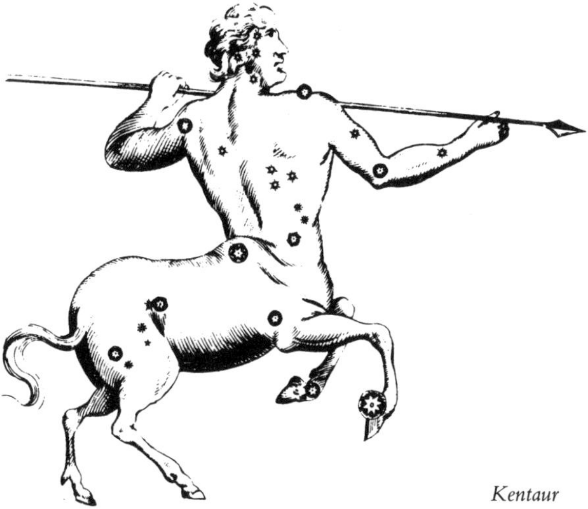

Kentaur

gene Unsterblichkeit aufzugeben, um durch seinen Tod den Prometheus von ähnlichen Qualen zu erlösen. Und zum Dank dafür setzten ihn die Götter als das Sternbild des Kentauren an den Himmel.

Zu diesem weisen Cheiron kam nun auch Iason, und er erzog ihn, unterstützt von seinen klugen Töchtern, in einer Grotte des Pelion-Gebirges zu einem tüchtigen Mann, der sich auch, als er herangewachsen war, stets gern der Lehre des Cheiron rühmte, der er sich in Wort und Werk nie unwert erweisen wollte. Unterdessen hatte der schlimme Oheim des Iason Pelias in Iolkos ein Orakel erhalten, das diesen feigen Menschen in eine beständige Angst versetzte: er solle vor dem Mann mit dem einen Schuh allzeit auf der Hut sein, der aus einem Gehöft in den hohen Bergen komme und ein Fremdling sei und doch zugleich ein Landsmann. Iason aber machte sich um eben diese Zeit nun auf, um nach Iolkos zu kommen und die unrechtmäßig entrissene Herrschaft dem Vater zurückzugewinnen. Auf seinem Wege gelangte er zu dem Flusse Anauros. Der war hoch angeschwollen, denn auf den Höhen hatte es geschneit, und alle Gewässer stürzten reißend in die Tiefe. Da traf er am Ufer des Flusses eine alte, von den Jahren gebeugte Frau, die dort kummervoll saß und nicht über den Fluß gelangen konnte. Und Iason lud die Greisin freundlich auf seine Schulter und trug sie hinüber. Doch blieb ihm dabei der eine Schuh im Schlamm des Flusses stecken. Hera hatte es so gefügt. Sie eben hatte sich in der Gestalt der Greisin, wie die Götter zu tun belieben, unter die Menschen begeben, um die Gesinnung der Menschen zu erforschen. Die Güte Iasons hatte sie erfreut, und so stand sie ihm von nun an stets schützend zur Seite. – Als Iason aber auf dem Marktplatz von Iolkos angekommen war, da versetzte er das Volk, das sich dort drängte – es war gerade Mittagszeit –, in hohes Staunen: wie er da stand, zwei Speere in der Hand, am Leibe ein Pantherfell, das ihn gegen den Regen deckte, das Haar nicht geschoren, sondern in herrlichen Locken über seinen Rücken fallend, ein Bild der freien, unerschrockenen Männlichkeit und auch der sicheren, kräftig hervorquellenden Güte. Und die Leute fragten sich, ob das nicht wohl Apollon oder der Kriegsgott Ares sei; und auch König Pelias kam herbei, und als er den schönen, starken Fremden sah, bemerkte er auch sofort, daß er nur an seinem rechten Fuß einen Schuh trug, der linke fehlte. Allein er verbirgt seine Furcht, befragt scheinbar freundlich den Fremden nach seiner Herkunft: er solle nicht lügen. Und Iason denkt gar nicht daran, zu lügen, frei sagt er heraus, daß er gekommen sei, um dem Vater die Herrschaft wiederzugewinnen, und bekennt sich offen als des Aison Sohn, Iason mit Namen. Vor so viel kraftvoller Freimut muß Pelias weichen, und er findet sich zu einem Vergleich bereit, wobei er freilich den Hintergedanken hegt, den starken Neffen auf besondere Weise zu verderben, und berichtet von einem Traumorakel, das dem Geschlechte aufgegeben habe, das Goldene Vlies von Kolchis heimzuholen, dann werde das Geschlecht des alten Fluchs, der auf ihm laste, los und ledig werden. Wenn Iason ihm das Goldene Vlies heimbrächte, solle er König von Iolkos sein.

Mit diesem Goldenen Vlies, das Iason holen sollte, verhielt es sich nun folgendermaßen. Ein Großoheim des Iason war Athamas, der in Boiotien König war. Er hatte seine erste Gattin, Nephele mit Namen, die Wolkenfrau, verstoßen. Seine zweite Frau war Ino, und diese verfolgte die Kinder der Nephele, Phrixos und Helle, mit dem schlimmsten stiefmütterlichen Haß. Um die Kinder zu vernichten, legte sie es fein an. Sie überredete die Frauen des Landes, daß sie insgeheim das ganze Saatkorn rösten sollten. Und als das Korn nun ausgesät ward, da verfaulte es fruchtlos im Boden und eine Hungersnot kam über das Land. König Athamas wandte sich an das Orakel in Delphi und erhielt zur Antwort: die Felder würden wieder Früchte tragen, wenn er seinen Sohn aus erster Ehe Phrixos dem Zeus an seinem Altar zum Opfer bringe. Ino, die Stiefmutter, hatte die Gottesboten bestochen, daß sie dieses betrügerische Orakel überbrachten. Der Hunger des Volkes zwang den König, die vermeintliche Weisung des Gottes zu erfüllen. Als aber Phrixos, der sich selbst zur Opferung dargeboten hatte, schon gebunden auf dem Altar lag, da entführte ihn seine Mutter Nephele. Sie hatte sich von dem Gotte Hermes einen schönen, großen Widder geben lassen, dessen üppig wolliges Fell von purem Gold war. Auch konnte der Widder reden wie ein Mensch. Auf diesem Widder schifften nun Phrixos und hinter ihm aufgesessen seine Schwester Helle durch den Luftraum über den Sund hinweg, welcher Europa von Asien trennt. Da aber machte die schnelle Fahrt durch die Luft dem Mädchen Angst, und es stürzte von dem Widder hinab in das Meer und versank. Und so heißt dieser Sund nach ihr, der Helle, nun Hellespont. Dem Phrixos sprach der Widder mit seiner menschlichen Stimme Mut zu und trug ihn weit über den Hellespont über das ganze Schwarze Meer bis hin zu der Mündung des Stromes Phasis in dem östlichen Wunderland an der Grenze der Welt, wo man sagte, daß in einem goldenen Gemach die Strahlen der Sonne aufbewahrt sind. König Aietes herrschte in diesem Lande östlich des Schwarzen Meeres, dem Lande Kolchis, und nahm den Phrixos freundlich auf. Der opferte auf Götter-Rat den Widder dem Zeus und hing das Fell von goldener Wolle an einer Eiche im Hain des Ares auf, und dort bewachte es ein riesenhafter Drache, der niemals schlief und das Fell mit seinen Zähnen festhielt. Der Widder aber, der, so erzählen andere, vor seiner Opferung selbst aus seinem Fell geschlüpft sei, wurde zum Dank für das, was er getan hatte, als Sternbild des Widders an den Himmel versetzt. In Kolchis lebte Phrixos noch geraume Zeit und bekam später auch eine Tochter des Aietes zur Gemahlin. Allein er sehnte sich immer heim nach Hellas, und auch als er gestorben war, hörte seine Seele nicht auf, sich immerfort heimzusehnen.

Das Fell dieses Widders und vielleicht auch die sehnende Seele des Phrixos heimzuholen, sollte Iason nun ausziehen. Es war ein großes Abenteuer, was den jungen Mann nur verlocken konnte. Allein für diese Fahrt über die Meere war unbedingt ein Fahrzeug nötig. Und hier half nun die Göttin der Zimmermänner, Athene, und der kundige Argos baute, so wie die Göttin selbst ihn anwies, jenes Urschiff, Argo, die Schnelle. Man bestieg zunächst das Pelion-Gebirge und fällte die dort wachsenden riesenhaften Fichten zum Bauholz für das Schiff. Athene aber ging ihrerseits schnell nach Dodona in Epiros, wo

Widder

die Eichen wuchsen, aus denen die Stimme des Göttervaters sprach, und holte von dort ein Stück von der schönsten Eiche, fügte es in den Bug des Schiffes ein, und das göttliche Eichenholz bewirkte, daß dies Schiff mit menschlicher Stimme sprechen konnte. Auch gegen Wasser wie Feuer war es durchaus gefeit, und es nützte nichts, daß Pelias heimlich dem Argos befahl, es mit morschen Pflöcken zu verfugen: Argos nahm Pflöcke aus bestem Kernholz, und das Schiff wurde stark und fest gegen jeden Wogengang. Fünfzig Ruderer fanden in ihm Platz außer dem Steuermann und dem Führer des Schiffes, und leicht und schnell wie ein Vogel fuhr es über die Wogen.

Als das Schiff gebaut war, machte Iason seine Fahrt überall in Griechenland bekannt, und von allen Seiten kamen die Helden jener großen Zeit herbei, um an der Fahrt teilzunehmen. Es kamen Herakles und die Dioskuren, es kam Orpheus der Sänger und Saitenspieler; der Gott Hermes sandte seine Söhne, die Zwillinge Echion und Erytos, die so flink und listenbewandert wie ihr Vater waren. Boreas, der Gott und König der Winde, sandte seine Söhne Zetes und Kalais: die rauschten mit purpurnen Flügeln am Rücken einher. Es kamen die beiden Söhne des Poseidon, Idas und Lynkeus, welche später leider so schlimm mit den Dioskuren Kastor und Polydeukes in Streit gerieten, und Idas mit seiner Riesenkraft und Lynkeus mit seinen scharfen, durch alles hindurchdringenden Augen sollten dem Schiff und der Besatzung die besten Dienste leisten. Lynkeus erhielt sofort das Amt des Ausgucks am Bug: selbst durch dunkelste Wolken hindurch erspähte er die Leitsterne für die Fahrt. Und als später Herakles während der Fahrt den Fahrtgenossen abhanden gekommen war, entdeckte er den in der Ferne Umherschweifenden so, wie man schwach und wesenlos manchmal bei Neumond doch noch die Mondscheibe erblickt. Unter den Fahrtgenossen war Admet, der Gatte der Alkestis, die für den Gatten starb. Auch der Sohn des Pelias, Akastos, ließ sich nicht zurückhalten und nahm teil. Es kam unter manchen andern Euphemos, dem sein Vater, der Gott Poseidon, die Gabe verliehen hatte, daß er über die Oberfläche des Meers gehen konnte und sich dabei nicht einmal die Sohlen benetzte. Es kam Telamon, der zusammen mit Herakles zum erstenmal Troja zerstörte, Peleus, der Vater des Achilleus, Meleager kam, der große Jäger, Amphiaraos, der als einziger von den Sieben, die gegen Theben zogen, in einem Erdspalt verschlungen als Seher weiterlebte. Zwei Steuermänner hatte die Argo: den kundigen Tiphys, den die Göttin Athene selbst unterwiesen hatte und der im schlimmsten Wind und Wetter das Schiff sicher zu lenken wußte. Allein, der Arme starb bald auf der Fahrt, und als die Argo nun ohne Steuermann war, da erhob sie selber in der Not ihre Stimme und wählte sich zum neuen Steuermann den Erginos. Auch kundige Seher waren auf der Fahrt mit dabei: Idmon, der Großvater des Sehers Kalchas. Er sah von Anfang an voraus, daß er auf dieser Fahrt zugrunde gehen werde, zog aber dennoch mit und tat seine Seherdienste, bis ihn, als man einmal an Land ging, ein Eber tödlich traf. Orpheus der Sänger riet, daß man eine von den mächtigen Schiffswalzen ihm aufs Grab setzen solle, und die trockene Walze schlug auf dem Grabe aus und wurde zu einem Ölbaum, der herrlich gedieh. Auch Mopsos, der ein Seher und zugleich ein tüchtiger Kriegsmann war, ging auf der Fahrt durch einen Schlangenbiß zugrunde. Und so übernahm Amphiaraos sein Seherwerk. Der Schwächste unter allen diesen Männern war der Sänger Orpheus. Doch er wußte die Leier wundersam zu schlagen, und als man bei den Sirenen mit dem Schiff vorbeikam und diese schlimmen Dämoninnen des Gesangs ihr betörenden Lieder ertönen ließen, da griff Orpheus in die Saiten und übertönte die Sirenen mit seinem frohen und heitern Sang. Und den Sirenen erstickte ihre Stimme im Munde, die Instrumente entsanken ihren Händen, sie stöhnten laut, ihre Macht war gebrochen und sie stürzten sich von ihren Felsen ins Meer. Auch ein Herold endlich war an Bord, Aithalides mit Namen, dem sein Vater Hermes ein so wundersam starkes Gedächtnis verliehen hatte, daß er auch das Geringste nie vergaß; ja selbst als er, gestorben, in die Unterwelt kam, wo doch sonst das Vergessen alle gefangennimmt, da dauerte dem Aithalides sein Gedächtnis unvermindert fort, und von Pythagoras, dem griechischen Weisen, der die Lehre von der Seelenwanderung vertrat und für sich selber behauptete, daß er sich seiner verschiedenen früheren Leben entsinnen könne, von diesem Weisen meinte man, daß in ihm Aithalides weiterlebe. – Die Führung des Schiffes boten alle zunächst dem Herakles als dem größten der Helden an. Doch Herakles schlug aus. Indessen, weil er so groß und schwer war, bekam er seinen Sitz auf der mittelsten Ruderbank des Schiffs. Als man sich dann aber auf der Fahrt befand, begann die redebegabte Argo zu sprechen und zu klagen: Herakles mit seinem gewaltigen Heldengewicht sei ihr zu schwer, sie stöhnte unter seiner Last, und so erzählt man, daß Iason und die andern notgedrungen darauf den Herakles an Land geschickt hätten, um Wasser zu holen, und ohne ihn davongefahren seien. Das war vielleicht nicht schön, und so wird auch noch eine andere Geschichte erzählt, wie Herakles der Argo abhanden gekommen wäre. Er hatte bei sich einen geliebten Knaben, den schönen Hylas, und man ging an Land, um Wasser zu holen. Der schöne Hylas fand im Waldesdickicht einen stillen Weiher mit glasklarem Wasser. Und als er sich darüberbog, um das Wasser zu kosten, da umschlangen ihn die Nymphen des Weihers, küßten ihn und zogen ihn zu sich in die Tiefe. Und Herakles irrt im Walde umher und ruft mit lauter Stimme nach dem Knaben, allein nur das Echo gibt ihm Antwort. Die Argonauten aber merken erst, als sie wieder auf See sind, daß die beiden fehlen. Sie wollen umkehren, doch ein Meeresalter, der neben der Argo aufsteigt, verwehrt es ihnen und sagt, daß es dem Herakles bestimmt sei, statt mit den Argofahrern nach dem Goldenen Vlies zu fahren, vielmehr auf seinen eigenen Wegen sein großes Werk der Reinigung der Erde zu vollbringen.

Mit einer solchen auserlesenen Mannschaft fuhr Iason also auf der Argo durch die Ägäis auf den Hellespont zu. Man war noch nicht lange auf der Fahrt, da begegnete den Argofahrern denn auch das erste Abenteuer. Es war ein Abenteuer besonderer Art: man wurde ein Opfer der Schönheit und der Liebe der Frauen auf der Insel Lemnos.

Diese Frauen von Lemnos hatten die Verehrung der Liebesgöttin Aphrodite vernachlässigt, und zur Strafe ließ Aphrodite ihren Körpern einen so entsetzlichen Geruch entströmen, daß ihre Männer sich schaudernd von ihnen wandten und nach neuen Frauen von den anderen Inseln Umschau hielten. Darüber erzürnt, töteten die

Frauen von Lemnos in einer und derselben Nacht ihre Männer und richteten einen Frauenstaat ein. Ihre Königin wurde Hypsipyle, und der Geruch verflüchtigte sich wieder. Als aber nun die Argonauten vom Sturm verschlagen auf Lemnos landen, eilen die Frauen insgesamt bewaffnet ans Ufer, es kommt zur Schlacht, bis plötzlich, als denn doch die Männer im Begriff sind, die Oberhand zu gewinnen, die Lemnierinnen sich erbieten, die Gelandeten freundlich aufzunehmen, nur müßten die Argonauten insgesamt sich ihnen in Liebe gesellen. Iason erhielt natürlich die Königin der Lemnierinnen, Hypsipyle. Den Argonauten aber begann es auf dieser Weiberinsel derart zu behagen, daß sie am liebsten das Goldene Vlies das Goldene Vlies sein lassen und bleiben wollten. Sie blieben Tage, Wochen, Monate, ein Jahr, bis Herakles, der frauenlos zur Bewachung der Argo beim Schiff geblieben war, denn doch unwirsch zum Aufbruch trieb, worauf es auch dem Orpheus gelang, mit seinem Leierspiel die Verliebten wieder zurück auf das Schiff zu bringen.

Als die Argo dann zum Bosporos gelangt ist, sind es die beiden Dioskuren, die eine schlimme Gefahr bestehen. Man landet dort, und Amykos, der König der Bebryker, verwehrt ihnen den Zutritt zu seiner Quelle zum Wasserholen, wenn man sich ihm nicht zum Faustkampf stelle. Nun, Polydeukes, der eine der Dioskuren, der tüchtige Faustkämpfer, schlägt ihn nieder und fesselt ihn an einen Baum. Dieser Baum war ein Lorbeerbaum, und wer einen Zweig von diesem Baum pflückte, der konnte nicht anders, er begann zu schmähen, zu schimpfen und sich mit jedem anzulegen, der ihm in den Weg kam. Und hätte man einen Zweig von diesem Baum mit auf das Schiff genommen, es hätte auf ihm einen schlimmen Krawall gegeben. Allein man ließ dieses fein bleiben, fuhr weiter und gelangte, von einer mächtigen Woge zurückgeschlagen, zunächst zur Küste Bithyniens, wo der blinde Seher Phineus lebte. Dieser Phineus war zur Strafe dafür, daß er freundlich dem Phrixos den Weg nach Osten gewiesen hatte, seines Augenlichts beraubt worden. Nun aber hatte sich Phineus mit dem Verlust seines Augenlichts zufriedengegeben, als ihm zum Ersatz dafür ein langes Leben geweissagt worden war. Das Leben, sagte er, sei ihm lieber als das Sonnenlicht. Dies Wort erzürnte Helios, den Gott des Lichts, und so sandte er dem Blinden die Harpyien. Das waren zwei abscheuliche Raubvögel mit Menschengesichtern, und jedesmal, wenn man dem Phineus das leckerste Mahl auftischen wollte, so kamen sie wie wilde Sturmböen über die Speisen und beschmutzten und besudelten, was sie nicht selber fraßen, derart, daß es ganz ungenießbar wurde. Und so hungerte Phineus. Doch unter den Argonauten waren ja nun die beiden Söhne des Nordwindes, Kalais und Zetes. Und diese beiden erhoben sich nun auf ihren purpurroten Flügeln in die Luft und verjagten die Harpyien vom Tisch des Phineus bis in die weitesten Fernen zum Berg Vesuv in Italien, und Phineus aß sich wieder einmal satt.

Auf der Weiterfahrt kamen die Argonauten am Ausgang des Bosporos zum Schwarzen Meer zu den Symplegaden. Das waren zwei Felsen, die rechts und links an dem Sunde standen, und wenn irgendein lebendes Wesen dort hindurchzukommen suchte, so fuhren sie wie eine Schere zusammen und zerdrückten es. Dann fuhren sie wieder auseinander. Phineus hatte in seiner Dankbarkeit den Argonauten die Gefahr verraten, und so ließen sie eine weiße Taube los, die vor dem Schiff einherflog. Und als diese Symplegaden nun zusammenfuhren, da wäre wohl auch diese Taube zermalmt worden, allein Athene half, und nur die Schwanzfedern blieben hängen. Mit voller Fahrt fuhr man der Taube nach, als die Symplegaden wieder auseinandergingen. Und wie die Taube, kam man auch selbst hindurch, nur daß noch ein Stück vom Heck des Schiffes erfaßt wurde, das man schleunigst abhieb. Als man diese gefährliche Schifferschere so glücklich überstanden hatte, ging man an Land und brachte dem Poseidon ein großes Opfer dar, und von nun an standen die beiden Felsen für immer fest. Die Taube aber setzte die Göttin Athene für ihre gute Tat als Sternbild an den Himmel. Und die Argonauten fuhren weiter froh ins offene Schwarze Meer hinaus und gelangten ohne weitere Zufälle glücklich zur Mündung des Flusses Phasis, der durch das Kolcherland fließt, fuhren in die Mündung ein und legten ihr Schiff dort sicher am Ufer fest.

Am andern Tag begab sich Iason mit einigen seiner Gefährten zum Haus des Kolcherkönigs Aietes. Und obwohl dieser König Aietes vorzeiten ein Orakel empfangen hatte, das ihn vor einem Manne aus dem Stamm des Aiolos – das war Iason – warnte, gelang es dem Iason durch die freimütige Anmut seines Wesens, den König zu bestimmen, daß er seinen Zorn vergaß und das Goldene Vlies herzugeben versprach, wenn Iason bereit sei, am nächsten Tage eine Probe seines Mutes und seiner Kraft zu geben. Doch brachte dem Iason die Liebens-

Taube

würdigkeit, die sein Wesen auszeichnete, noch einen andern Erfolg ein. Medéa, die Tochter des Aietes, sah ihn, und ihr Herz ward sofort von einer unbezwinglichen Leidenschaft zu dem schönen Fremdling aus Griechenland entflammt. Mit Hilfe der Göttin Hera, die dem Iason günstig gesonnen war, wußte sie diesem Botschaft zukommen zu lassen, und so trafen die beiden heimlich nachts im Tempel der Göttin Hekate zusammen. Auch Iason war sofort von Liebe zu dem schönen, seltsamen Mädchen ergriffen. Sie sagten einander, daß sie sich angehören müßten, gelobten sich Treue, und Medea versprach, dem Geliebten auf alle Weise zu helfen, damit er in den Besitz des Goldenen Vlieses gelangte. Medea war nämlich eine Zauberin. Von der Schwester des Aietes, der berühmten Kirke, hatte sie die zauberische Wissenschaft gelernt. Sie kannte die wunderbaren Kräfte, die in seltenen Pflanzen und Kräutern steckten, kochte Säfte und mischte Salben und konnte sich auf einem Wagen, der mit fliegenden Schlangen bespannt war, in die Luft erheben. Als nun am andern Tage Iason vor den König Aietes trat, um die verlangte Probe zu bestehen, da legte dieser ihm auf, daß Iason zuerst ein Feld von fünfzig Klaftern mit zwei Stieren umackern sollte. Diese Stiere des Aietes hatte der Schmiedegott Hephaistos selber gebildet. Sie hatten Hufe von Erz und Mäuler von Erz, und aus ihren goldgelben Nüstern schlugen mit jedem Atemzug brennende Flammen. Dazu hatte Hephaistos auch einen Pflug gefertigt: der bestand aus einem einzigen Stück von Stahl. Und nun führte der König Aietes diese seine Stiere selber heran, spannte sie vor den Pflug und umpflügte mühelos mit ihnen eine Hufe. Dann sollte Iason es ihm nachtun. Der tat ohne Furcht sein safranfarbenes Gewand ab – Medea hatte ihn mit einer Zaubersalbe, die ebenso vor Feuer wie vor Eisen schützte, gefeit. Die Salbe war aus dem Saft einer Pflanze bereitet worden, die aus dem Blut erwuchs, das aus der Wunde des Prometheus herabgeträuft war, als er am Kaukasos hing und der von Zeus geschickte Adler ihm Tag für Tag an seiner Leber hackte. Mit dieser Salbe am ganzen Leib bestrichen ging Iason, nur mit einem Schild bewaffnet, nackt auf die Stiere los, packte sie an den Hörnern, beugte sie unter das Joch des Pflugs, trieb ihnen den Stachel in die Weichen und zog schnurgerade mit ihnen auf dem Acker, den er zu pflügen hatte, Furche um Furche. Dabei hatte er acht – Medea hatte es ihm geraten –, daß er die Tiere nicht gegen den Wind trieb und ihm das Feuer, das sie mit jedem Atemstoß ausschnoben, nicht ins Antlitz schlug. Er mied also die Kehren, zog, wenn er eine Furche vollendet hatte, den Pflug rückwärts in derselben Furche zurück und setzte daneben neu an zur nächsten. So waren die fünfzig Hufen bald umgepflügt. Aietes, der vor Wut am liebsten laut aufgeheult hätte, schluckte seinen Grimm hinunter und wies ihm die zweite Aufgabe, von der er meinte, daß Iason an ihr gewiß zugrunde gehen werde. Er gab ihm einen Beutel mit Drachenzähnen, diese sollte Iason auf dem von ihm gepflügten Feld aussäen. Iason tat so, doch kaum, daß er das Feld besät hatte, so entsprang den Drachenzähnen eine Schar von bewaffneten Männern, lauter Riesen, die alle zusammen auf ihn ihre Speere richteten. Allein Medea hatte dem Iason einen großen, runden Stein gewiesen, der an der Seite des Feldes lag. Kaum hätten vier Männer ihn aufheben können. Doch Iason erhob ihn und warf ihn unter die Riesen, die, wie so oft die Riesen, dumme Riesen waren und sich nun gegenseitig zu beschuldigen begannen, übereinander herfielen und sich miteinander rauften, solange bis keiner von ihnen mehr am Leben war. Der letzte Teil der Probe bestand darin, den Drachen zu töten, der das Goldene Vlies bewachte, und das Vlies sodann dem König vorzuweisen. Als Iason nun mit gezücktem Schwert dem Untier zu Leibe gehen wollte, das mit seinem riesigen, geringelten Leibe das Goldene Vlies von allen Seiten umwunden hielt, da trat Medea zu ihm, und ihren Zauberkasten in der Linken, hob sie beschwörend die rechte Hand und streckte dem Drachen ein lähmendes Wunderkraut entgegen. Und so gelang es dem Iason nach vielen schweren Mühen, das Ungetüm, das auch in der Betäubung noch gefährlich genug war, schließlich zu überwältigen. Man meinte freilich auch, die ganze Sache sei doch nicht so glatt abgegangen, sondern trotz aller zauberischen Hilfe durch Medea habe das Untier den Iason am Ende doch verschlungen. Da aber habe jene Salbe ihm geholfen, mit der er sich gegen den Feueratem der Stiere gefeit hatte. Diese Salbe erregte dem Drachen Übelkeit, und so spie er den Iason wieder aus, der ihm darauf schnell den Garaus machte. – Als Iason aber nach der glücklichen Erlegung auch des Drachens das Goldene Vlies zu Aietes brachte, da tat dieser so, als ob er sich darüber freute, lud alle Argonauten zu einem Festmahl ein und gedachte, während man beim Weine saß, das Schiff der Argonauten, die Argo, in Brand zu stecken. Da aber half die Göttin Aphrodite. Sie verlockte den Aietes, daß er, während die andern beim Mahle blieben, sich zu seiner Gemahlin Eurylyte begab und an ihrer Seite alsbald in einen tiefen Schlaf sank. Und der Seher der Argonauten, Idmon, der alles durchschaute und allein unter den Argonauten nüchtern geblieben war, rief und rüttelte sie auf, daß sie schleunigst das Schiff besteigen sollten, und auch Medea kam mit dem Vlies herbeigelaufen, das sie aus der Schatzkammer ihres Vaters gedankenschnell entwendet hatte. Und so machte man das Schiff in aller Eile flott, stieg ein und fuhr ab mit der goldenen Beute. Als Aietes aber aus seinem Schlaf erwachte, und sah, daß das Vlies, das Schiff und die Tochter verschwunden waren, da fuhr er den Argonauten schleunigst mit seinen größten Schiffen nach und hätte sie ereilt. Medea aber hatte ihren jüngeren Stiefbruder, den Knaben Absyrtos, mit auf die Flucht genommen. Und als nun die Gefahr am größten war, daß Aietes sie mit seinem Schiff erreichte, da entschloß sie sich zu einer furchtbaren Tat. Sie tötete den Absyrtos, zerstückelte den Leichnam und warf die einzelnen Teile in den Fluß. Und während der unglückselige Vater nun die Leichenteile seines Sohnes zusammensuchte und auffischte, konnten die Argonauten mit der Argo glücklich das offene Meer gewinnen. Doch hatten Iason und Medea mit dieser Tötung des unschuldigen Knaben eine schwere Schuld auf sich geladen. Auf dem Rückweg zur griechischen Heimat fuhren die Argonauten nicht durch den Bosporos, sondern auf den Rat des Sehers Phineus die Donau hinauf. Man meinte damals, daß ein anderer Arm der Donau weit im Westen in das Mittelländische Meer einmünde. Wirklich gelangten die Argonauten dorthin, wurden dann aber von einem Sturmwind zur Mündung des Po getrieben, den hinauffahrend sie, nach der ein wenig phantastischen Geographie jener frühen Zeiten, in die Rhone und rhoneabwärts glücklich wieder ins Mittelmeer gelangten. Doch hatten sie auf ihrem weiteren Wege noch allerlei schlimme Gefahren zu bestehen: einen Sturm, in dem die gute Argo wieder einmal ihre menschliche Stimme erhob und die Dioskuren, die doch selber auf dem Schiffe waren, als Helfer in Seenot anrief, daß sie von den Göttern eine gute Fahrt zu Kirke, die sie entsühnen sollte, erflehen möchten, und weiter: einen Aufenthalt auf der fernen Insel der Zauberin Kirke, die sie möglichst rasch abfertigte, einen Aufenthalt auf der Insel der Phäaken, wo noch einmal Schiffe des Aietes gegen sie auf der Lauer lagen, die den geraden Weg durch den Bosporos ihnen entgegengekommen waren. Hier bei den Phäaken hielten Iason und

Medea Hochzeit. Dann wurde bei der Weiterfahrt das Schiff tagelang von einem schweren Sturm umhergetrieben. Es trieb sie in die große Syrte und an die Küste Afrikas. Hier irren sie trostlos umher und meinen nie mehr heimzukommen. Da trifft Iason drei Hirtinnen – es waren verkappte Göttinnen –, und diese sagen Iason den Rätselspruch: »Wenn die Göttin des Meeres, Amphitrite, die Rosse vom Wagen ihres Gatten Poseidon löse, sollten sie der Mutter, die die Argonauten solange in ihrem Leibe getragen habe, Gleiches mit Gleichem vergelten. Dann würden sie glücklich nach Hause kommen.« Niemand wußte den seltsamen Spruch zu deuten. Da aber raste auf einmal ein Roß mit goldener Mähne aus dem Meere herauf und mitten in die Wüste. Und gedankenschnell erkannte Peleus, der Vater des Achill, den Sinn des Spruchs. Dies sei das Roß, daß Amphitrite vom Wagen ihres Gatten losgeschirrt habe. Die Mutter aber, die sie selbst solange im Leibe getragen habe, sei ihr Schiff Argo. Und um Gleiches mit Gleichem zu vergelten, luden die Argonauten nun ihr Schiff, die Argo, sich selbst auf die Schultern und trugen das Schiff auf ihren Schultern durch die Wüste, immer den Spuren nach, die das Roß des Poseidon hinterlassen hatte, bis sie zum Tritonischen See gelangten. An der Durchfahrt zum offenen Meer tritt ihnen der Gott Triton in der Gestalt des Königs Eurypylos entgegen und gibt ihnen eine Erdscholle, die der Held Euphemos an sich nimmt. Auf der Weiterfahrt gelangen sie zunächst nach der Insel Kreta, die der riesige Talos, welchen König Minos zum Strandhüter bestellt hatte, tagtäglich dreimal umwanderte. Dieser Talos bestand von Kopf bis Fuß aus festem, undurchdringlichem Erz und war also völlig unverwundbar. Nur an seinem Knöchel trat, von einer zarten Haut bedeckt, ein Blutgefäß hervor, weswegen er sich beim Laufen in acht zu nehmen hatte, daß er sich dort um Gottes willen nicht verletzte. Wenn aber nun irgend jemand, er mochte sein, wer er wollte, am Gestade Kretas anzulegen gedachte, so vertrieb ihn Talos mit Würfen von mächtigen Steinen. Auch hatte er eine grimmige Freude daran, sich selber in brennendem Feuer rot zu glühen und dann den Feind in seiner Umarmung zu verbrennen. Auch den von der Seefahrt ermatteten Argonauten suchte der Unhold die Landung an der Küste Kretas zu verwehren. Allein Medea sprach einen Bann über ihn, der ihn rasen machte. Als er wahnsinnig umherfuhr, stieß er mit seinem Fuß an einen Stein, so daß die Blutader an dem Knöchel aufsprang und also der ganze eherne Koloß ausfloß und tot zusammenstürzte.

Als die Argonauten dann von Kreta nordwärts fahren, umgibt sie plötzlich eine dunkle Nacht, die nicht weicht und durchaus nicht weichen will. Da aber steigt auf das Gebet des Iason Apollon vom Himmel und stellt sich auf eine Klippe und leuchtet den Argonauten vor mit seinem goldenen Bogen. Und sie kommen zu der kleinen Insel Anaphe. Da hat Euphemos einen wundersamen Traum. Er sieht, wie aus der Erdscholle, die ihm Triton gegeben hatte, ein Mädchen hervorwächst, das so schön und so liebreizend ist, daß er sich sogleich mit ihr vermählt. Und das Mädchen sprach: »Ich bin bestimmt, die Pflegerin deiner Nachkommen zu werden. Wirf mich ins Meer, dann will ich bei Anaphe wohnen und dir und deinen Nachkommen zu Dienst sein.« Und Euphemos handelt nach dem Traum und wirft bei der Insel Anaphe die Erdscholle ins Meer, und die Scholle ging zuerst unter, aber dann wuchs es mächtig und gewaltig aus dem Meer hervor und es entstand an jener Stelle eine Insel mit Ebenen und Bergen, die Insel, die den Griechen später Thera und uns heute Santorin heißt. Und nachdem die Argofahrer alle diese Abenteuer glücklich bestanden hatten, gelangten sie endlich wieder zurück nach Iolkos.

Die Argo aber zog Iason auf den Strand am Isthmos und weihte das gute Schiff dem Gott Poseidon. Und Jahr um Jahr blieb das Schiff dort am Ufer liegen und wurde alt und morsch.

Der König Pelias aber, als ihm Iason richtig das Goldene Vlies überliefert hatte, brach sein Versprechen treulos und trat die Herrschaft weder an Iason noch an den alten Aison ab. Dieser war freilich durch all die Jahre und all den Kummer uralt geworden und schien kaum mehr imstande, die Herrschaft auszuüben. Da half Medea mit ihren Zauberkünsten und verjüngte den alten Aison, daß er wieder kräftig und jung unter dem Volk einherging. Als die Töchter des Pelias das sahen, gingen sie zu Medea und baten sie, daß sie auch ihrem Vater Pelias wieder zu einer neuen Jugend verhelfen sollte. Medea meinte, daß es dazu nur ein einziges Mittel gäbe und daß man den Pelias wieder jungkochen müsse. Und als die Mädchen diesen Vorschlag denn doch mit Bedenken aufnahmen, so ergriff Medea einen alten Widder, schlachtete und zerstückte ihn, warf die Teile in einen Kessel, in dem das Wasser schon kräftig brodelte, und als das Ganze genügend durchgekocht war, erschien aus dem Kessel ein entzückendes junges Lamm. Als die Töchter des Pelias das sahen, überredeten sie ihren Vater, wobei sie ihm das Lamm vorwiesen, daß er einwilligen möge, daß er junggekocht würde. Und sie töteten und zerschnitten den Vater mit dessen Willen und taten die Stücke des Vaters in den Kessel, dem nun aber allerdings kein junger und frischer Pelias mehr entstieg. Und also war denn Pelias auch bestraft für seine Treulosigkeit, und sein Sohn Akastos wurde König von Iolkos. Iason und Medea aber zogen nach Korinth und fanden dort bei König Kreon gastfreundliche Aufnahme. Hier aber ereilte sie die Strafe der Götter für die Ermordung des Absyrtos. In Korinth sah Iason die junge Tochter des

Kreon, Kreusa, und von Liebe zu ihr ergriffen, gedachte er sie und mit ihr zugleich ein eigenes Königtum zu gewinnen. Medea sollte mit ihren beiden Kindern, die sie inzwischen geboren hatte, in aller Eile die Stadt verlassen. Wie so oft in der Welt, so wird auch hier der Liebenswürdige zum Treulosen. Und Medea rafft ihre ganze düstere Seelenkraft zusammen zu einer furchtbaren Rachetat. Sie bittet um einen geringen Aufschub ihrer Verbannung, sie will der neuen Braut des Mannes mit einem Brautgeschenk huldigen. Es ist ein reiches, kostbares Gewand und dazu ein wunderbarer goldener Stirnreif. Und als die anmutige Kreon-Tochter sich harmlos damit zur Hochzeit schmückt, da fressen sich Gewand und Stirnreif als schwelende, brennende Massen in ihr Fleisch, sie verbrennt daran, und auch ihr Vater Kreon, der sein sterbendes Kind in die Arme nimmt. Medea aber ersticht ihre eigenen Kinder, legt die Leichen im Tempel der Hera nieder und erhebt sich vor dem verzweifelten Iason in ihrem Schlangenwagen und entflieht durch die Lüfte. Iason in seiner Verzweiflung will sich selbst entleiben, doch lenkt er seine Schritte zunächst an den Strand, wo die alte Argo liegt, die ihn einst über die Meere trug und nun schon halb verfault ist. Und er legt sich, bekümmert, in den Schatten des alten Schiffs, sein Leben überdenkend. Da bricht das Heck des Schiffs zusammen und erschlägt ihn.

Dies ist die Geschichte von Iason und der Fahrt der Argonauten. Eine Geschichte, die von schönster Menschengröße zeugt, aber auch zugleich von dem ganzen Menschenelend. Sie zeigt, wie das Leben hervorragender Menschen seltsam aus Größe, Schuld und Schicksal zusammengewoben ist. In diesem Sinne sind diese Sagen-Geschichten der Griechen in all dem Wundersamen, Phantastischen, das sie bringen, doch einfach, weise, und sie sind wahr. Durch das große in ihnen Geleistete erheben sie uns, doch stimmen sie uns auch nachdenklich. Sie fordern uns auf, uns selbst, den Menschen, zu bedenken: was für ein erstaunliches Lebewesen, was für ein großartiger armer Kerl er doch ist.

DIE KRONE

Zwischen dem Sternbild des Bootes und dem des Herakles sehen wir des Abends in unseren Sommermonaten fein und doch bestimmt wie ein funkelndes Diadem sich ein gegen den Polarstern öffnendes Halbrund abzeichnen, in dem vor allem ein weißleuchtender Stern hervorsticht. Dieser Stern ist Gemma, der Edelstein, und das ganze Sternbild ist die »Krone« oder der »Kranz«, Stephanos, wie die Griechen das Sternbild schon seit dem 5. oder 4. Jahrh. vor Christus nannten. Als einen vollen Lorbeerkranz, umwunden mit einer Binde, stellen die älteren Himmelsgloben das Sternbild dar, und wir erinnern uns, wie die Griechen den Kranz und die Girlande, sei es geflochten aus Blumen oder dem Laub eines heiligen Baums, vielfach bei ihren religiösen Festen und Bräuchen, bei Hochzeiten wie Siegesfeiern kannten. Doch wurden Kränze auch kunstreich aus Gold und anderem Edelmetall hergestellt und mit Edelsteinen besetzt und waren dann gar herrliche Gebilde. Ein solcher ganz besonderer Kranz ist auch der Kranz, den wir an unserm Himmel sehen. Der kretischen Königstochter Ariadne gehörte er einst an, die ihn von dem attischen Helden Theseus empfing. Und wenn wir nun erfahren wollen, was für ein wunderbares Gebilde dieser Kranz war, auf wie wunderbare Weise er erworben wurde und wie er bei der größten Heldentat jenes Theseus wunderbare Hilfe leistete, so lassen wir uns am besten von der Lebensgeschichte des Helden leiten.

Theseus ist der Held der griechischen Landschaft Attika und der Stadt Athen, die sich in dieser Landschaft erhebt und später in ihrer großen Zeit dem ganzen Griechenland wie auch darüber hinaus der Welt so hohe Geistesgaben spenden sollte. Überblickt man das Leben dieses Helden, so begreift man gern, daß von ihm erzählt wird, daß er sich den Herakles zum Vorbild genommen habe, der etwas älter war als er, und daß er sich vor allem bestrebt habe, es diesem Helden gleichzutun. Als ein zweiter, attischer Herakles mag er uns wirklich in seinem Leben erscheinen, allein er ist von feinerer Art als dieser gewaltige Mann, schlanker, geschmeidiger steht er neben diesem in seinem Körperbau wie auch in seiner geistigen Art; und wenn jenem, wie wir schon hörten, die Leier nur dazu diente, um seinen Lehrer damit zu erschlagen, so fügt sich dieses edle Instrument dem Theseus recht wohl in die Hand, und er selber spielt sie, als er auf der Insel Delos, auf der Apollon geboren wurde, zu Ehren des Gottes dort den Reigen führt. Allein auch auf seinem Leben, so wie auf dem Leben des Herakles, ruhte manches dunkle Verhängnis, auch er verstrickte sich in Schuld und mit seinen leuchtenden Taten, seinen Siegen war auf eine fast unheimliche Weise auch wieder Unglück und Leid verkettet.

Schon zur Zeugung des Theseus war es auf eine seltsame Art gekommen. Sein Vater Aigeus nämlich, der Sohn des Königs Pandion und Bruder der beiden Schwestern Prokne und Philomele, die, weil sie den Sohn der Prokne, den Itys, geschlachtet hatten, in eine Schwalbe und eine Nachtigall verwandelt wurden – dieser Aigeus war lange kinderlos, und da ihm, als einem kinderlosen Mann, um den Fortbestand seiner Herrschaft bange war, so zog er zu dem delphischen Orakel, um nachzufragen, wie er zu einem leiblichen Sohn und Erben kommen könnte. Der Gott antwortete ihm mit einem dunklen

Wort, das soviel zu besagen schien, Aigeus solle, bis er wieder zurück nach Athen gelangt sei, sich mit keiner Frau einlassen. Um sich den Spruch des Gottes deuten zu lassen, suchte Aigeus auf dem Heimweg nun zunächst den König Pittheus in Troizen auf, der für einen der weisesten und frömmsten Männer und Könige der Zeit galt. Pittheus ersah aus dem Spruch des Gottes alsbald, daß dem Aigeus ein Heldensohn geboren werden würde, der zwar seinem eigenen Vater, ohne es zu wollen, den Tod bringen, aber seiner Mutter und seinem ganzen Geschlecht den größten Ruhm eintragen werde. Und so hatte Pittheus bei der Deutung des Orakels für den Gastfreund seine eigenen Gedanken. Er machte den Aigeus, als sie abends beim Weine saßen, betrunken und wußte es so einzurichten, daß sich seine eigene Tochter Aithra des Nachts zu dem Trunkenen begab und zu ihm legte. Er hatte freilich nicht vorausgesehen, daß in eben dieser Nacht, ehe Aigeus die Liebe der Aithra genoß, sich bereits der Meeresgott Poseidon mit ihr vereinigt hatte, so daß der Knabe, den Aithra später scheinbar dem Aigeus gebar, in Wahrheit ein Sohn des Poseidon war. Als Aigeus aber am andern Morgen erwachte und die schöne Aithra an seiner Seite fand, da vermochte er ihr ebensowenig zu zürnen wie ihrem Vater, nahm das Ganze als eine Fügung des Schicksals und gebot der Aithra beim Abschied für den Fall, daß sie ihm einen Sohn gebären werde, so solle sie ihn mit aller Sorgfalt aufziehen, ihm

Krone

aber nie den Namen seines Vaters nennen. Dann zog er die Sandalen von seinen Füßen und nahm sein Schwert und verbarg beides, das Schwert wie die Sandalen, unter einem schweren Felsblock, der dort am Rande der Straße von Troizen nach Hermione hoch wie ein Altar aufragte. Und wenn der Sohn, den Aithra gebären werde, herangewachsen und so stark sei, daß er den Felsblock zur Seite wälzen könne, dann solle er mit dem Schwert des Vaters bewaffnet und seine Sandalen an den Füßen sich auf den Weg nach Athen machen. Den Namen seines Vaters aber solle sie ihm auch dann nicht nennen. – Nach Jahresfrist brachte Aithra den Theseus zur Welt, und dieser wuchs unter der Aufsicht seines weisen Großvaters Pittheus bald herrlich heran. Auch einen vortrefflichen Erzieher gab Pittheus dem Knaben, Konnidas mit Namen, der ein so bedeutendes Erziehungswerk an dem Knaben tat, daß man sich noch in späterer Zeit seiner erinnerte und ihm in Athen am Vorabend des Theseusfestes regelmäßig ein eigenes Totenopfer darzubringen pflegte. Als der kleine Theseus noch nicht sieben Jahre alt war, kam einmal Herakles, den der Kleine damals schon über die Maßen bewunderte, nach Troizen zu Besuch zu Pittheus. Während nun Herakles bei Pittheus saß und aß, hatte er sein Löwenfell abgelegt, um es sich beim Essen bequem zu machen. Da sprangen, ohne von dem hohen Besuch zu wissen, einige troizenische Knaben, unter ihnen auch Theseus, in die Halle. Und als die Knaben das Löwenfell nebst Pranken, Schweif und Kopf wie einen schlafenden Löwen am Boden liegen sahen, da rannten sie erschreckt eilends davon. Von Theseus aber wird berichtet, er sei ganz ohne Furcht, den Blick fest auf den Löwen gerichtet, Schritt für Schritt zurückgegangen, habe einem Diener im Hof ein Beil entrissen und sei entschlossen auf den vermeintlichen Löwen losgegangen. – Als Theseus aber in das sechzehnte Lebensjahr gekommen war, da führte ihn die Mutter Aithra zu dem Felsen, unter dem sein Vater Aigeus einst sein Schwert und seine Sandalen verborgen hatte. Und Theseus wuchtete mühelos den schweren Felsblock hoch, ergriff voll Freude das Schwert und die Sandalen des Vaters und machte sich auf den Weg nach Athen. Vergebens, daß ihn die Mutter wie der Großvater beschworen, er möchte zur See hinüberfahren, er wählte den Weg zu Lande am Meer entlang, von dem es bekannt war, wie auf ihm die unholdesten Wegelagerer dem Wanderer auflauerten, und verrichtete so auf diesem Wege seine ersten jugendlichen Taten.

Der erste, mit dem es Theseus zu tun bekam, war der schreckliche Periphetes, der bei Epidauros hauste. Er war ein Sohn des Schmiedegottes Hephaistos, und sein Vater hatte ihm eine Keule gefertigt, die durch und durch von massivem Eisen war. Diese pflegte er mit seinen starken Armen mit großer Wucht zu führen, während er zugleich, wie sein Vater und so viele Schmiede, schwach auf den Füßen war. Diese Schwäche wußte Theseus sich zunutze zu machen. Er unterlief seinen Gegner geschickt, als dieser zu dem tödlichen Hieb ausholte, warf ihn um und hat, nachdem er dem schlimmen Keulenschwinger dann ohne allzu große Mühe den Garaus gemacht hatte, sein Leben lang dessen eiserne Keule als seine eigene Waffe geführt.

Als zweiten erledigte Theseus auf der Landenge von Korinth den heimtückischen Sinis, den man auch den »Fichtenbeuger« nannte. Als ein Mann von erheblicher Körperkraft hatte dieser Sinis nämlich die Gewohnheit, wenn ein Wanderer dort vorbeikam, eine der großen, dem Poseidon geheiligten Fichten, die dort standen, an der Spitze zu ergreifen und herabzubiegen. Den vorbeikommenden Wanderer bat er dann, er möge mit zugreifen, so daß sie beide miteinander die Fichte herunterhielten. Und ging der andere hilfsbereit darauf ein, so ließ Sinis los und die zurückschnellende Fichte schleuderte den Armen in die Luft, so daß er sich zu Tode stürzte. Man erzählt auch, dieser Sinis pflegte den Wanderer, wenn er ihn überwältigt hatte, mit den Armen an den Spitzen zweier herabgebogener Fichten festzubinden, so daß das arme Opfer von den wieder emporschnellenden Bäumen auseinandergerissen wurde. Bei Theseus indessen hatte dieser Fichtenbeuger weder mit dessen Körperkraft noch überlegenen Klugheit gerechnet. Denn Theseus hielt nicht nur die herabgebogene Fichtenspitze ebenso fest wie Sinis, sondern es gelang ihm, um den Bruchteil eines Augenblicks früher als Sinis loszulassen und der emporschnellenden Fichte einen solchen Schwung zu geben, daß Sinis selber so genötigt wurde, die tödliche Luftreise anzutreten.

In Krommyon sodann, wohin Theseus nun kam, erschlug er mit Schwert und Keule oder auch mit einem mächtigen aufgerafften Stein die mörderische graue Sau, die dort von einer runzligen alten Frau gepflegt wurde. Diese Sau war die Mutter des kalydonischen oder auch des erymanthischen Ebers, den Herakles einige Zeit vorher erlegt hatte. Von dem Kampf ist Näheres nicht zu berichten.

Doch gelangte Theseus dann zu den Kalksteinklippen von Megara, wo hoch oben an dem engen Pfad der ungebärdige Skiron hauste. Dieser gleisnerische Unhold forderte von jedem, der an der Stelle vorüber wollte, daß er ihm als eine Art Tribut die Füße wasche. Und wenn der gefügige Wanderer sich dann bückte und dem Unhold das Wasser über die Füße goß, so bedachte ihn Skiron mit einem Fußtritt, der ihn über die viele Klafter hohe Felswand alsbald hinunter ins Meer beförderte, wo eine riesige Schildkröte bereitsaß, um den Toten oder vielleicht noch Lebenden aufzufressen. Auch Theseus fand sich scheinbar gutgläubig zu dieser Fußwaschung bereit, allein, als der Kerl ihm über das Waschbecken seinen ungefügen Fuß hinstreckte, da packte er zu, schwang mit der andern Hand drohend über dem Kopf des Skiron das Waschbecken, so daß dieser sich erschreckt von seinem Sitz nach hinten fallen ließ, und schleuderte den ganzen Kerl sodann mit einem einzigen Schwung denselben Weg hinunter, den der Mensch so viele arme Wanderer hatte gehen lassen, gradeswegs der Schildkröte in den Rachen, die hinsichtlich dessen, was es für sie zu fressen gab, keinen Unterschied machte. Skiron büßte damit, wie im Vorübergehen angemerkt sei, übrigens noch eine andere Schuld. Er hatte eine bestimmt nicht häßliche Tochter, der er einst großmütig gestattet hatte, daß sie sich den Mann zum Gatten wählen dürfe, den sie selbst gern wollte – was das Mädchen dahin verstand, daß es sich von nun an mit jedem Mann, der ihr in den Weg kam und ihr nur irgendwie gefiel, einlassen dürfte. Über dieses Mißverständnis aufgebracht, hatte der Vater auch sie ins Meer geworfen, aus dem sie verwandelt in Alkyone, den Eisvogel, wieder aufgeflogen war.

Die nächste Tat des Theseus war sein Sieg in dem Kampf über Kerkyon, den Schwanzmenschen und König von Eleusis, jetzt aber damit beschäftigt, alle die zu töten, die ihn im Ringkampf nicht bestehen konnten. Dieser Kerkyon war im Ringkampf besonders gefährlich vermöge der erdrückenden Kraft seiner Schenkel. Theseus besiegte ihn im Ringen. Er zeigte in diesem Ringen, das auf Tod und Leben ging, ein Ringen mit Verstand und bewies auf diese Weise, daß der rohen Kraft die Kunst auf alle Fälle überlegen ist. So wurde Theseus zum Begründer einer eigentlichen »Kunst« des Ringens, wie er auch die besondere Form des Freistil-Ringens, in dem so ziemlich alles erlaubt war, das Pankration, bei anderer Gelegenheit erfunden haben soll; die

Göttin Athene, so sagte man mit frommem Sinn, habe es ihn in der Bedrängnis des Augenblicks selbst gelehrt.

Auch dieser Kerkyon hatte eine Tochter, Alope mit Namen, und als Theseus ihren Vater Kerkyon im Ringen überwältigt hatte, erzeugte er mit ihr ein Knäblein, das Alope aussetzte, eingewickelt in ein abgerissenes Stück Tuch von ihrem königlichen Kleide. Das ausgesetzte Knäblein wurde von einer Stute gefunden, die es säugte, weswegen es später auch den Namen des »von der Stute Gesäugten«, Hippothoon, empfing. Zwei Pferdehirten gerieten über es in Streit, denn derjenige von ihnen, welcher das Kind bei der Stute gefunden hatte, wollte es selbst zwar hergeben, den herrlichen Stoff, in den es eingewickelt war, aber für sich selbst behalten. Der Streit kam vor den König Kerkyon, der an dem Gewand alsbald erkannte, woher der Knabe stammen mußte. Er ließ die Tochter in ein dunkles Verlies einsperren, wo sie elendiglich verhungert wäre, wenn der Gott Poseidon, den man auch als Vater des Kindes ausgab, sie nicht in eine Quelle verwandelt hätte, die in dem Gebiet von Eleusis jetzt noch fließt. Das Kind Hippothoon aber wurde später von Theseus zum König von Eleusis eingesetzt und hat auch einem attischen Bürgerverband später seinen Namen gegeben.

Theseus indessen, nachdem er jenen König Kerkyon im Ringkampf überwältigt hatte, zog weiter seines Weges bis an die Stelle, wo an der Straße nach Athen der schlimme Prokrustes sein Wesen trieb. Dieser war ein Frevler von besonderer Art, denn er pflegte den ermüdeten Wanderer scheinbar gastfreundlich einzuladen, daß er sich auf seinem Gastbett niederlegen und der Ruhe pflegen sollte. Dieses »Gastbett« aber, das in einen Felsen hineingearbeitet war, war überlang, und wenn der Wanderer sich auf ihm hinstreckte, um sich auszuruhen, so ergriff Prokrustes seinen Hammer und hämmerte auf den Körper des Armen so lange ein, bis der Weichgeklopfte schließlich in voller Länge in das Bett hineinpaßte – nur daß er dann meistenteils auch umgebracht war. Kam aber ein überlanger Wanderer des Weges daher, so hatte dieser Prokrustes für ihn ein kurzes Bett bereit und hackte ihm, um ihn auf das genaueste in das Bett hineinzupassen, die zu langen Glieder ab. Auch mit Theseus gedachte er auf die eine oder die andere Weise zu verfahren. Aber dieser warf den Unhold mit seiner ganzen jugendlichen Kraft auf das kurze Bett, ergriff dessen eigenen Hammer und hämmerte ihn so harmonisch auf dem Bett zurecht, daß dessen Kunst damit ihr Ende fand.

Mit diesen Taten seiner Jugend hatte sich Theseus auf seine Weise neben Herakles als ein Reiniger der Erde von Unholden erwiesen, und die Kunde von diesen Heldenstücken lief ihm voraus in das Land Attika und in die Stadt Athen, wo ein Herold bereits ausrief, wie ein unbekannter Jüngling den schrecklichen Periphetes, die Krommyonische Sau, den schauderhaften Sinis, den Fichtenbeuger, den Skiron, den Kerkyon und den über alle andern furchtbaren Prokrustes überwältigt hätte. Es schien, ein Gott habe diesen jungen Mann auf den Weg gebracht und angetrieben, daß er Unrecht mit Recht vergelten sollte. Doch ging auch eine andere Sage um, die besagte, daß, als Theseus jung und fein, gar schön gekleidet und sein Haar schön eingeflochten, am Tempel des Apollon Delphinios vorbeischritt, der sich damals noch im Bau befand – daß die Zimmerleute, die am Dachgestühl arbeiteten, spottend zu ihm herunterriefen, welch eine Jungfrau denn zu einer Zeit, die sich vielleicht zu ihrer Hochzeit schicke, so unbehütet ihres Weges ginge. Doch habe Theseus ihnen nichts zur Antwort gegeben, sondern gedankenschnell die Ochsen von einem Wagen, der dort stand, abgeschirrt und diese Ochsen mit einem einzigen Schwung hinauf in die Luft weit über das

Dachgestühl geworfen, woraus die Zimmerleute zu ihrem Staunen erkennen mußten, was für eine hochzeitliche Jungfrau dort ihres Weges ging.

Indessen hatte den Theseus, als er seinen Einzug in Athen hielt, jemand doch erkannt. Das war Medea, jene Frau und Zauberin, die, seit sie den Iason in Korinth über den Leichen seiner Kinder verlassen hatte, nun bei Aigeus lebte. Sie befürchtete von dem Stiefsohn alles Böse, und so beredete sie den Aigeus, daß er von dem kühnen Ankömmling verlangte, daß er den Marathonischen Stier einfangen sollte. Nun, Theseus zog aus, warf sich über das Tier, fesselte es mit einem langen Strick und brachte es dem Aigeus, und Medea mußte auf eine andere Weise sinnen, wie sie den Theseus aus dem Wege schaffte. Sie braute eines von jenen nur ihr bekannten Giften zusammen und Aigeus sollte es dem Stierbezwinger in einem Becher beim Siegesfeste reichen. Da aber geschah es, daß Theseus, als er beim Mahle saß und ihm ein großer Bissen von dem Fleisch des Opfertieres vorgesetzt wurde, sein Schwert zog, um das Fleisch zu zerteilen. Da erkannte Aigeus, daß dieses Schwert sein eigenes Schwert war, das er einst unter jenem Felsblock zusammen mit seinen Sandalen verborgen hatte. Und er reißt dem Sohn den Becher aus der Hand und schüttet das Gift zu Boden. Man hat die Stelle, an der das Gift zu Boden geflossen war, später eingegittert und sie noch lange im Tempel des Apollon Delphinios, der damals gerade fertiggebaut war, den Zureisenden gezeigt. Medea aber entfloh, nachdem sie um sich einen Nebel verbreitet hatte, alsbald nach Medien, das nun fortan nach ihrem Namen benannt ist. Theseus aber war so von seinem Vater erkannt und anerkannt, und die ganze Stadt Athen feierte in der Freude über seine Ankunft Feste wie nicht mehr seit Urzeiten und stimmte Lobgesänge auf den Königssohn und seine herrlichen Taten an.

Allein, es dauerte nicht lange, da wurden dem Theseus neue Bewährungen abgefordert. Zunächst mußte er seinem Vater Aigeus gegen dessen feindseligen Bruder Pallas und seine fünfzig gigantischen Söhne helfen, die dem Aigeus schon immer schwer zu schaffen machten. Diesmal rotteten sie sich in zwei Haufen zusammen, als sie gehört hatten, Aigeus trage sich mit dem Gedanken, den wiedergefundenen Sohn Theseus zu seinem Nachfolger auf dem Thron von Athen einzusetzen. Bedrohlich rückten sie gegen Athen vor, aber Theseus besiegte sie ohne allzu große Mühe, zersprengte ihre Haufen und brach ihren Mut für immer.

Dann galt es, der schmählichen Tributleistung ein Ende zu machen, die die Stadt Athen alle neun Jahre Minos, dem übermächtigen Beherrscher der Insel Kreta, schuldete. Zu dieser Tributleistung war es auf folgende Weise gekommen. Androgeos, der junge Sohn des Minos von Kreta, war einst zu den Festspielen nach Athen gekommen, die die Athener der Göttin Athene feierten, und er hatte hier nicht nur alle Athener in den Wettkämpfen besiegt, sondern sich auch mit jenen gigantischen Söhnen des Pallas angefreundet und wer weiß, was er sonst noch im Schilde führen mochte. So hatte Aigeus darauf gesonnen, wie er den gar zu Erfolgreichen aus dem Wege räumen könne, und ihn gegen den entsetzlichen Stier ausgeschickt, der in der Ebene von Marathon sein Unwesen trieb – Theseus sollte ihn später überwinden. Der Stier zerriß den jungen Sohn des Minos, und man zeigte noch in späteren Zeiten den Ort, an dem dies geschehen war. Man erzählt auch, Androgeos sei friedlich von Athen nach Theben weitergewandert, um sich auch dort in den Wettspielen hervorzutun. Da habe ihn Aigeus unterwegs ermorden lassen. Wie dem nun aber auch gewesen sein mag, Androgeos jedenfalls war tot, und sein Vater Minos, der die Nachricht vom

Tode seines Sohnes empfing, als er gerade auf der Insel Paros den Göttinnen der Anmut sein Opfer brachte, warf seinen Kranz, den er auf dem Haupte trug, zu Boden, ließ die Flöten verstummen und beendete schweigend das Opfer, und nie mehr wurden von da an auf der Insel Paros beim Opfer für die Anmutsgöttinnen die Flöten gespielt oder Kränze auf dem Haupt getragen. Dann brach der meergewaltige König auf, um zunächst einmal die Stadt Megara einzunehmen, und als er dies getan hatte und den König Nisos, der ein Bruder des Aigeus war, vom Thron gestürzt hatte, zog er weiter gegen Athen und schloß es ein. In Athen herrschte bald Seuche und Hungersnot, und was man auch versuchte, um dem Unheil zu steuern, es half nichts, man mußte sich dem Minos unterwerfen. Und Minos in seinem Gram über den Verlust des Sohns legte den Athenern den furchtbaren Tribut auf, daß sie alle neun Jahre sieben Jünglinge und sieben Jungfrauen zu Schiff nach Kreta schicken mußten, wo diese dem schrecklichen Minotauros zum Fraße vorgeworfen wurden. König Minos pflegte sich die Opfer jeweils selbst abzuholen, und es lebte in der Geschichte wohl die Erinnerung daran fort, daß Athen in ältesten Zeiten einmal wirklich von dem seemächtigen Kreta abhängig war.

Als Theseus nun eben nach Athen gekommen war, sollte nicht lange danach die Entsendung der Jünglinge und der Jungfrauen zum drittenmal erfolgen. Sofort bot Theseus sich freiwillig an, daß er als der Fünfzehnte mit nach Kreta ginge, und dem Minos in seinem Groll und Gram über den Tod seines eigenen Sohnes war dieses um so mehr recht, als Aigeus den eben wiedergefundenen Sohn auf alle Weise – vergeblich – von seinem Vorhaben abzubringen suchte. Das Schiff, das die traurige Fracht nach Kreta bringen sollte, trug nach der Gewohnheit ein schwarzes Segel. König Aigeus aber, in der Hoffnung, die er nun doch auf die Tatkraft seines Sohnes Theseus setzte, übergab dem Steuermann des Schiffs ein zweites Segel, ein freudiges, von roter Farbe, und wenn der Sohn heil und gesund und gerettet wiederkehren sollte, so solle der Steuermann dieses purpurrote Segel setzen. Und so begab man sich auf die Fahrt nach Kreta. Doch da geschah es, daß Minos, während man noch auf der Fahrt war, von heftiger Liebe zu einem der attischen Mädchen ergriffen wurde, die zur Opferung ausgelost waren; Eriboia hieß sie und tanzte besonders schön im Reigen. Und Minos versuchte sich ihr zu nähern. Doch Theseus stellte sich dem König mutig entgegen: »Was er, ein Sohn des Zeus und der Europa« – von diesen beiden stammte Minos –, »sich herausnähme? Er selber, Theseus, sei ein Sohn des Poseidon und werde, wenn es sein müsse, um der Ehre des Mädchens willen mit ihm kämpfen.« Da rief Minos zur Bezeugung dafür, daß er wirklich ein Sohn des Zeus sei, den Vater Zeus an, daß er auf der Stelle seinen Blitz vom Himmel möge herunterfahren lassen. Und wirklich blitzte Zeus vom Himmel herab. König Minos aber zog sich den goldenen Ring ab, den er als Zeichen seiner Königswürde am Finger trug, und warf ihn ins Meer: und wenn Theseus wirklich ein Sohn des Meeresgottes Poseidon wäre, so solle er ihm nur wieder diesen Ring aus der Tiefe des Meeres heraufholen. Da zögert Theseus keinen Augenblick, er tritt an die Bordwand des Schiffs und springt in die Tiefe. Und freundlich nimmt das Meer ihn vor den staunenden Augen des Minos auf, und er gelangte auf dem Rücken von Delphinen, die bereitwillig zu Diensten waren, zum Palast des Poseidon in der Meerestiefe und betrat die große Halle, in der die schönen Nereustöchter mit goldenen Bändern im Haar einen Reigen tanzten. Im Innern des Palastes aber saß die Gattin des Poseidon, Amphitrite. Diese empfing den Sohn ihres Gatten auf das freundlichste, legte ihm ein Purpurgewand um und setzte ihm jenen goldenen Kranz auf, den wir noch jetzt an unserem Himmel sehen, einen Kranz von goldenen Rosenblüten. Den hatte der Amphitrite die Göttin der Liebe, Aphrodite, als Hochzeitsgeschenk gegeben, als sie mit dem Meeresgott einst ihre Hochzeit feierte – es war ein wunderbares, strahlendes Kleinod. Und mit diesem auf seinem Haupt und dem Ring des Minos in seiner Hand taucht Theseus nun alsbald wieder zur Seite des Schiffes auf, ein Wunder für alle, die dort auf dem Schiffe standen. Und die Knaben und Mädchen von Athen vergaßen, daß sie ihrer Opferung entgegenfuhren, und jauchzten dem wieder aufgetauchten Theseus zu.

Als man in Kreta angekommen war, da bewährte es sich alsbald, daß Theseus, bevor er zu der Fahrt aufbrach, auf den Rat des delphischen Apollon der Liebesgöttin Aphrodite geopfert und sie sich als Schutzgöttin auf dieser Fahrt erwählt hatte. Denn kaum, daß ihn die Tochter des Königs Minos, Ariadne, gesehen hatte, da entbrannte sie in Liebe zu dem schönen, starken jungen Mann. Sie vergaß, daß man sie, ehe Theseus nach Kreta gelangte, dem Weingott Dionysos zur Braut versprochen und anverlobt hatte, sondern meinte, daß sie dem Theseus auf alle Weise helfen müßte, damit er den Minotauros besiegen und die attischen Knaben und Mädchen retten könne. Dieser Minotauros war ein schreckliches Ungeheuer, halb Mensch, halb Stier, ein Sohn der verderbten Königin Pasiphaë, der Frau des Minos, und jenes Stiers, der die Europa von Tyros nach Kreta herübergebracht hatte. König Minos hatte diese abscheuliche Mißgeburt in das finstere Labyrinth gesperrt, das der kunstreiche Daidalos ihm mit seinen tausend Irrgängen gebaut hatte, aus denen sich unmöglich irgendein Mensch herausfand. Ariadne aber, da sie dem geliebten Theseus auf alle Weise helfen wollte, gab ihm ein mächtiges Garnknäuel und wies ihn an, er möchte das eine Ende dieses Knäuels am Eingang des Labyrinths befestigen und, wenn er dann in die Tiefe des Labyrinths hineinschritte, es abwickeln, so daß er sich mit Hilfe des Garns auch wieder aus dem Labyrinth herauszufinden wisse. Und so schritt Theseus, von Ariadne begleitet, guten Mutes in die Tiefen des Labyrinths hinein, und durch wie viele Kehren und Wendungen sein Weg ihn auch führte, er vertraute darauf, daß das Garn ihn auch wieder den rechten Weg zurück zum Ausgang führen werde. Je tiefer er hineinschritt aber, um so dunkler wurde es. Da aber half ihm unerwartet der edelsteingeschmückte goldene Kranz, den er von der Meeresgöttin Amphitrite erhalten und als ein Zeichen seiner Liebe der Ariadne in die Hand gegeben hatte. Ein wunderbares Licht ging auch in der tiefsten Finsternis von dem Kranze aus, und in seinem Licht gelang es dem Theseus, im Kampf dem Minotauros schließlich das Schwert in die Brust zu stoßen und ihm mit seiner massiven Eisenkeule gänzlich den Garaus zu machen, nachdem er vorher auch die neu erfundene Kunst des klugen, umsichtigen Ringkampfes an dem Unhold erprobt hatte.

Die athenischen Jünglinge und Jungfrauen waren durch die Tat des Theseus nun gerettet, allein, um sie sicher in die Heimat zurückzubringen, mußte man in der Furcht vor König Minos immer noch in aller Heimlichkeit verfahren. Hier fanden die Flüchtlinge in dem Erbauer des Labyrinths, Daidalos, einen freundlichen Helfer. Wohl auf seinen Rat zerschlug Theseus die Böden aller Schiffe, die im Hafen lagen, und als man nun in dem eigenen Schiff in der Tiefe der Nacht herausfuhr und alsbald das hohe Meer gewann, da brauchte man um keine Verfolger besorgt zu sein. Ariadne begleitete den geliebten Theseus, nachdem sie noch ein Standbild der Göttin Aphrodite von seinem Sockel genommen hatte, um es, wie sie gelobte, auf der Insel Delos neu zu errichten, damit Aphrodite auch auf dieser Insel neue Verehrung fände. Und so gelangte man nach guter Fahrt nach Delos. Dort angekommen, führten die athenischen Knaben und Mädchen um den Altar des Gottes von Delos einen schönen Reigen auf, den Theseus selber anführte. Dieser Reigentanz ahmte mit seinen verschlungenen Gängen die Irrgänge des Labyrinths nach und ist als »Kranichtanz« später berühmt geworden. Und Theseus fuhr von der Insel Delos weiter und kam zur Insel Naxos. Hier geschah es, daß Ariadne, von der Überfahrt ermüdet, in einen tiefen Schlaf versank. Da erschien dem Theseus die heimische Göttin Athene und sagte ihm, daß Ariadne die dem Dionysos angelobte Braut sei und daß er sie heimlich verlassen und ohne sie heimsegeln müsse. Und Theseus, schweren Herzens, meinte, daß er dem Gebot der Götter folgen müsse, und segelte mit seinem Schiff ab. Ariadne, als sie erwacht, sieht sich allein gelassen und bricht in Klagen über ihr schlimmes Schicksal und den vermeintlich treulosen Geliebten aus. Da aber tritt der Gott Dionysos zu ihr und nimmt ihr die Krone, die sie als das Liebeszeichen des Theseus noch auf ihrem Haupte trug, vom Kopf und wirft sie als ein Siegeszeichen zum Himmel hinauf, wo sie nun als Sternbild glänzt. Von Ariadne hören wir noch das Unbestimmte, daß die Göttin Artemis sie mit ihren sanften Pfeilen auf Naxos getötet habe, womit vielleicht das ausgedrückt ist, daß sie in ihrer Trauer, weil Theseus sie verlassen hatte, gestorben sei oder daß der Gott Dionysos ihr ihren Treubruch nicht verziehen hatte. Jedenfalls hat Odysseus, als er auf seiner Irrfahrt in die Unterwelt gelangte, sie dort gesehen, die Frau, »die Theseus zwar aus Kreta entführte, mit der er sich aber nie vermählte, da Artemis sie tötete, weil Dionysos über sie Zeugnis gab«!

Doch nicht nur, daß Theseus die geliebte Braut, die

ihn und die athenischen Jünglinge und Jungfrauen gerettet hatte, nach der harten Weisung der Götter verlassen mußte, auch seine Ankunft in Athen ging ihm rein gar nicht zum Guten aus. In der Trauer über den Verlust der Geliebten nämlich entfiel es dem Theseus, daß er, so wie zu Beginn seiner Fahrt mit dem Vater abgesprochen, das Segel wechseln und statt des schwarzen das purpurrote aufziehen sollte, wenn sie gerettet von ihrer Fahrt heimkehren würden. Und so fuhr das Schiff, das sie trug, unter dem schwarzen Segel auf Attika zu. Der Vater Aigeus aber, der schon lange von dem Turm der Burg nach dem Schiff von Kreta Ausschau hielt, sieht, daß das Schiff unter dem schwarzen Segel hinfährt, und so meint er, daß mit den vierzehn Jünglingen und Mädchen auch der geliebte Sohn in Kreta den Tod gefunden habe, und in seinem Kummer stürzt er sich von dem Turm der Burg auf dem hohen Felsen ins Meer hinab, das von da an für alle Zeiten nach ihm, dem Aigeus, das Ägäische Meer heißt. Und Theseus findet, als er freudig landet, in Athen ein Volk, das um seinen König weint.

Nach dem Tod des Vaters trat der heimgekehrte Theseus die Herrschaft über Attika und Athen an, und seine Herrschaft war kraftvoll und segensvoll. Er zog die einzelnen Ortschaften der Landschaft Attika zu einer einzigen bedeutenden Stadt zusammen, stiftete den Göttern so manche Kulte, erneuerte zu Ehren seines göttlichen Vaters Poseidon die Isthmischen Spiele und richtete als erster in Athen die freie Herrschaft des Volkes ein. Zur Erinnerung an die rettende Fahrt nach Kreta schickte man auf sein Gebot alljährlich einen heiligen Festzug nach Delos aus. Die Abgesandten waren mit Ölzweigen bekränzt, und kein zum Tode Verurteilter durfte in der Stadt Athen getötet werden, ehe nicht der Delische Festzug wieder nach Athen zurückgekommen war. Noch Sokrates durfte deswegen mehrere Tage nach seiner

Verurteilung im Gefängnis leben und mit seinen Freunden und Schülern der ernstesten Gespräche pflegen. Das Schiff jedoch, auf dem Theseus vorzeiten nach Kreta gefahren und von dort mit der geretteten attischen Jugend wieder zurückgekommen war, diente die Jahrhunderte hindurch weiter dazu, die heilige Festgesandtschaft nach Delos und von dort wieder nach Athen zurück zu fahren. Wenn etwas an dem Schiff in der späteren Zeit morsch und brüchig wurde, so besserte man die Stelle aus, und wenn auf diese Weise auch nach und nach das ganze Schiff in seinen Teilen durch die Jahrhunderte hin ein neues und anderes geworden war, so fuhr man doch in der Vorstellung immer auf dem gleichen Schiff und keinem anderen als dem, mit welchem Theseus und die Seinen nach Kreta gefahren waren.

So weise und maßvoll Theseus nun die Jahre hindurch über Athen herrschte, so konnte es doch nicht ausbleiben, daß er auch in vorgerückteren Jahren noch in manche bedenkliche Unternehmungen und Abenteuer verwickelt wurde. So begleitete er den Herakles auf seinem Zuge gegen die Amazonen und gewann auf diesem Zuge die Amazone Antiope zur Gemahlin, die sehr schön war, ihm aber auch viel schlimmes Leid einbringen sollte. Bei der Art, wie Theseus sie gewonnen hatte, war es nicht ganz ohne List und Gewalt abgegangen, denn Phorbas, der Wagenlenker des Theseus, hatte die Amazone, als sie mit Gastgeschenken der Amazonen zu den gelandeten Griechen gekommen war, gefragt, ob sie nicht das Schiff des Theseus besichtigen wollte, und als das neugierige Mädchen darauf einging, war er eilig mit ihr fortgefahren. Doch scheint es, Antiope war nicht ungern gefolgt, ja, sie hatte sich vielleicht schon vorher, als man noch an Land war, in den stattlichen Theseus verliebt. Denn als der schönen Frau unterwegs einer der jungen Gefolgsleute des Theseus, Soloeis mit Namen, mit allen Zeichen der Leidenschaft seine Liebe gestand, da wies sie ihn hart zurück, war aber doch auch wieder so gütig milde, daß sie den jungen Mann dem Theseus nicht verriet. Da stürzte sich Soloeis in seiner verzweifelten Liebe in einen Fluß und fand den Tod. Dieser Tod des jungen Mannes, den Theseus sehr geliebt hatte, legte sich als eine drükkende Last auf seine Seele. Und selbst als er die Ursache dieses Todes erfuhr, vermochte er dem Soloeis nicht zu zürnen, sondern erinnerte sich in seinem großen Kummer daran, daß ihm das delphische Orakel einmal geraten hatte: werde er in der Fremde einmal künftig einen großen Schmerz erleiden, so solle er an Ort und Stelle eine Stadt gründen. Danach handelte Theseus nun und gründete zur Erinnerung an den jungen unglücklichen Liebhaber der eigenen Frau eine Stadt, die er Pythopolis nannte, während er dem Fluß, in dem Soloeis den Tod gefunden hatte, den Namen des Jünglings gab.

Die Amazonen indessen, nachdem Theseus mit der Antiope davongefahren war, meinten, daß sie den Raub einer der edelsten unter ihnen nicht so ohne weiteres hinnehmen könnten. Und so warteten sie, bis der Kimmerische Bosporos zugefroren war, überschritten ihn und zogen durch Thessalien bis in das attische Land, das ihnen in kurzer Zeit erlag. Auch in die Stadt Athen selbst gelang es ihnen einzudringen, und noch lange zeigte man dort die Plätze, wo sie gekämpft und wo die Athener sich verteidigt hatten, und wies den Fremden auch die hünenhaften Gräber der damals gefallenen Amazonen. Von Antiope erzählt man, daß sie treu an der Seite ihres Gatten gegen ihr eigenes früheres Volk gefochten und durch den Speer einer Amazone bei der Verteidigung Athens den Tod gefunden habe. Sie hinterließ ihrem Gatten einen Sohn, Hippolytos, durch den seinem Vater später neuer schwerer Kummer erwachsen sollte.

Andere große Unternehmungen, an denen Theseus

als einer der ersten Helden seiner Zeit beteiligt war, waren die Jagd auf den kalydonischen Eber und die Fahrt der Argonauten; beide brachten ihm viel Ruhm und Ehre ein. Einigermaßen verhängnisvoll aber wurde ihm seine Freundschaft mit Peirithoos, dem Fürsten der Lapithen. Dieser Peirithoos war der Sohn jenes unseligen Ixion, der, von den Göttern im Olymp zu Tisch gezogen, es im reinen Wahnwitz gewagt hatte, sich an Hera vergreifen zu wollen. Zur Strafe wurde er in der Unterwelt auf einem geflügelten Rade festgebunden, das mit ihm durch die Lüfte wirbelte. Peirithoos nun hatte schon seit langer Zeit viel von Theseus gehört und bewunderte und liebte ihn schon aus der Ferne. Doch wollte er ihn gern näher kennenlernen und selber sehen, wie es mit der Stärke, der Klugheit und der Tapferkeit dieses Theseus wirklich stand. Und also machte er sich auf den Weg nach Marathon und raubte dort zunächst einmal dem Theseus seine Rinderherden. Und als ihn Theseus, wie erwartet, mit einem Aufgebot von Bewaffneten verfolgte und fast erreicht hatte, da floh er nicht weiter, sondern wandte sich um und ging dem von ihm so bewunderten Manne entgegen. Auch Theseus blieb stehen, und voll gegenseitigen Staunens über ihrer beider Schönheit und Tapferkeit vergaßen sie alle beide zu kämpfen und standen lange und betrachteten einander, bis schließlich Peirithoos seine Hand dem Theseus entgegenstreckte und ihn bat, er möge über den Rinderdieb selbst das Urteil fällen. Theseus indessen schloß ihn in seine Arme, und so wurden sie beide Freunde und Waffenbrüder und halfen sich von nun an gegenseitig bei allen ihren Unternehmungen.

So kam es, daß Theseus zunächst einmal in den Kampf der Lapithen mit dem wilden Volk der Kentauren hineingezogen wurde, der bei der Hochzeit des Peirithoos mit Hippodameia entstanden war. Die Kentauren, Theseus und unter manchen andern Gästen auch die Dioskuren waren zu Gast geladen. Man trank unmäßig viel, man redete, prahlte, stritt, bis schließlich die Kentauren, vom übermäßigen Weingenuß gereizt, zu Tätlichkeiten übergingen und die Braut Hippodameia zu entführen suchten. Der in bildender Kunst wie Dichtung berühmte Kampf der Lapithen und Kentauren war so entbrannt, in dem das mischgestaltige Volk der Kentauren, halb Mensch, halb Pferd, schwer geschlagen wurde. Dabei half es ihnen wenig, daß sie von demselben Ixion herstammten, dessen Sohn auch Peirithoos war. Sie waren diesem gegenüber insofern benachteiligt, als ihre Ur-Mutter jene Wolke war, die Zeus dem Frevler statt seiner Gattin untergeschoben hatte; Peirithoos hatte eine menschliche Mutter. Bedenklicher war der Verlauf eines andern Unternehmens, zu dem Peirithoos den Freund Theseus, töricht genug, verleitet hatte. Da sie beide Witwer geworden waren – auch dem Peirithoos muß Hippodameia inzwischen gestorben sein –, wollten sie sich gemeinsam nach neuen Frauen umsehen und steigerten sich, wie das in der Freundschaft zu gehen pflegt, gegenseitig in die übertriebensten Vorstellungen hinein. Sie meinten, daß ihre Frauen Göttinnen oder mindestens Göttertöchter sein müßten. Theseus dachte an die schöne Helena, die Schwangeborene und Schwester der Dioskuren, die damals, sei es zwölf, sei es sieben Jahre, auf alle Fälle aber noch fast ein Kind war. Peirithoos aber, dem, wie sich hier zeigt, etwas von dem Frevelmut seines Vaters Ixion im Blut saß, ging noch weiter und bestand darauf, daß er Persephone, die Tochter des Zeus und der Demeter und nun Gattin des Gottes der Unterwelt, und keine andere für sich als Frau gewinnen wollte. Helena also wurde zunächst geraubt und auf der Burg Aphidna in Attika verborgen, wo des Theseus Mutter Aithra das junge Reh bediente wie bewachte. Doch kundschafteten, wie wir schon erzählten, die Brüder der Helena, Kastor und Polydeukes, bald das Versteck ihrer Schwester aus und führten sie in die Heimat nach Sparta zurück. Die Verwüstung, die bei dieser Gelegenheit die Dioskuren im Land Attika anrichteten, vermehrte in der Bevölkerung eine vielleicht nicht unberechtigte Mißstimmung gegen Theseus, die ein gewisser Menestheus, das sagenhafte Urbild aller späteren athenischen Demagogen, geschürt hatte; man setzte ihn in der Folge sogar zum Gegenkönig gegen Theseus ein. Theseus war damals nämlich geraume Zeit nicht im Lande. Er war sofort nach dem Raub der Helena mit Peirithoos in die Unterwelt aufgebrochen, um dort dem Freunde nun seinerseits bei seinem Brautraub an Persephone zu helfen. Wie man erzählt, soll Zeus, der höchste Gott, über den verwegenen Mut der beiden Freunde so aufgebracht gewesen sein, daß er in einem Traum die beiden selber sogar ermutigt habe, in den Hades zu steigen, damit sie sich – das war der Hintergedanke des großen Gottes – dort selber ihre Strafe holen sollten. Und so verlief das wahnwitzige Unternehmen den beiden zunächst überraschend gut. Sie stiegen beim Tainaron in die Unterwelt ein, wurden von dem Unterweltsgott Hades scheinbar freundlich empfangen und sodann liebenswürdig genötigt, auf einem prächtigen Stuhl Platz zu nehmen – bis er den beiden hohen Helden die ihrer würdigen Gastgeschenke ausgesucht und herbeigebracht hätte. Nun aber war dieser Stuhl der »Stuhl der Vergessenheit«. Jeder, der dort niedersaß, vergaß auf der Stelle Zeit, Welt wie sich selbst und mußte dort angewurzelt für ewig sitzen bleiben. Und also saßen Theseus und Peirithoos nun dort in der Unterwelt im Kreis noch so mancher anderer Sünder wie für ewig fest. Odysseus, als er in die Unterwelt kam, so meinten wenigstens einige, habe beide dort noch festsitzen gesehen, und gewiß säßen sie wohl noch heute dort unten, wenn nicht nach einiger Zeit Herakles bei Erledigung seines Auftrags, den Höllenhund aus der Unterwelt zu holen, an der Stelle, wo die beiden saßen, vorbeigekommen wäre. Der erkannte sie sofort und kurz entschlossen, wie es seine Art war, packte er den Theseus und riß ihn mit einem mächtigen Ruck von dem verhängnisvollen Sitze los, wobei er es freilich nicht vermeiden konnte, daß, wie einige witzige Leute unter den Griechen wissen wollten, Theseus ein Stück von seinem Gesäß an dem Stuhl zurücklassen mußte, weswegen man die Athener später spottenderweise auch die »Gesäßlosen« zu nennen pflegte. Herakles soll dann noch mit Theseus vor Persephone getreten sein und mit beredten Worten bewirkt haben, wobei er nicht verfehlte, die unerhörte Freundestreue des Theseus in das rechte Licht zu setzen, daß man den Theseus in aller Form wieder aus der Unterwelt entließ. Das Schicksal des Peirithoos indessen ist unklar geblieben. Vielleicht, daß Herakles auch ihn freibekam, wahrscheinlicher jedoch, daß er als Strafe für seinen Frevelmut für ewig dort unten bleiben mußte.

Als Theseus wieder nach Athen kam, stand es dort für ihn nicht zum besten. Menestheus war nun Gegenkönig, und Theseus' eigene Anhängerschaft schwand hin. Dazu beging er noch den Fehler, Phaidra, die Schwester der Ariadne und Tochter der schlimm berüchtigten Pasiphae, die sich mit dem kretischen Stier eingelassen hatte und Mutter des Minotauros geworden war, an Stelle der nicht zu erlangenden Helena zu heiraten. Nun hatte Theseus von der schönen Amazone Antiope aber jenen Sohn Hippolytos, den er in den Jahren vorher zu seinem Großvater Pittheus nach Troizen gegeben hatte, wo der Knabe zu einem herrlichen Jüngling herangewachsen war. Hippolytos war vor allem der Jagd ergeben. Der jungfräulichen Artemis, der Göttin der Jagd und der wilden Tiere, hatte er sein Leben geweiht und gelobt, daß er keusch wie seine Göttin sein Leben führen wolle, und aller Frauenliebe abgeschworen. Das erregte den Zorn der Göttin der Liebe Aphrodite. Und als der stattliche junge Mann nun von Troizen zu seinem Vater Theseus nach Athen kam, da erregte die Göttin in dem Herzen seiner Stiefmutter Phaidra eine verbotene Liebe zu dem Stiefsohn, die sie mit rasender Leidenschaft erfüllte. Eine Zeitlang versuchte sie, ihre Liebe in ihrem Herzen streng zu bewahren, und wurde fast krank darüber. Dann aber, als sie in dieser verhängnisvollen, gottgesandten Liebe ganz wirr geworden war, vergaß sie Scham wie Sitte und bekannte dem Hippolytos, während Theseus einmal abwesend war, ihre Liebe, doch der wies mit Abscheu ihre Anträge von sich. Verzweifelt gibt Phaidra sich nun selbst den Tod, nachdem sie vorher, um auch den Hippolytos zu verderben, diesen in einem Brief an Theseus bezichtigt hatte, daß er sie durch seine Nachstellungen in den Tod getrieben habe. An der Bahre seiner Frau, die sich erhängt hat, liest Theseus diesen Brief, und da er von alters her bei seinem Vater Poseidon immer noch einen Wunsch frei hat, bittet er diesen in jäh aufwallendem Zorn, daß er seinen verbrecherischen Sohn verderben möge. Hippolytos, der leidenschaftlich auch dem Rennsport ergeben war, fährt indessen an der flachen Küste des Meers sein Gespann ein. Da erscheint, von Poseidon geschickt, aus dem Meer ein fürchterlicher Stier, die Pferde des Hippolytos gehen durch, und dieser wird von seinen eigenen Pferden zu Tode geschleift. Als man dann aber den verstümmelten Leichnam des Sohnes auf einer Bahre dem Theseus bringt, da erfährt dieser die Wahrheit durch die Göttin Artemis, die, wenn sie ihren Liebling nicht hatte vor dem Tod bewahren können, ihm nun doch aber seinen guten Namen und seinen Ruhm bewahrte. Und Theseus ist von nun an ein gebrochener Mann. Zwar gelang es ihm, daß er in dem Sinne, in dem er stets sein Leben geführt hatte, noch einiges Gute zu tun vermochte, und also nahm er als der Schützer des Gastrechts den blinden Ödipus nach einem langen Leben des Darbens und des Irrens zur letzten Ruhe in dem Gau Kolonos auf, und die Stadt Athen hat sich von da an ständig als die gastgebende Beschützerin der Verfolgten alle Zeit gefühlt wie auch bewährt. Doch kam der durch das Unglück gebeugte Mann nun gegen die Umtriebe des Menestheus auf die Dauer nicht mehr auf. Bekümmert und verbittert verbannte er sich selbst aus dem Athen, für welches er doch so viel geleistet hatte. Nur daß er, ehe er zu Schiffe ging, bei Gargettos solche Flüche über das undankbare Athen aussprach, daß die Stätte fortan ›Fluchstätte‹, Araterion, hieß. Dann setzte Theseus nach der kleinen Insel Skyros zwischen Lesbos und Euboia über; von dort stammte sein Vater Aigeus, und an diesen dachte er wohl jetzt vor seinem Ende. Der König dieser Insel war Lykomedes, kein guter Mann. Er befürchtete, der große Herrscher von Athen könne ihm in seiner Weisheit und bekannten Tatkraft über den Kopf wachsen. So erbot er sich gleisnerisch, dem Theseus die Insel zu zeigen, und als sie beide miteinander hoch über der Insel auf einem Felsen standen und Theseus seine alten Augen weit über das Meer gerichtet hielt, da gab ihm Lykomedes einen Stoß, und Theseus stürzte hinab und stürzte sich zu Tode.

In Athen herrschte eine Zeitlang noch Menestheus als König, dann aber kamen die Söhne des Theseus zurück und gewannen die Herrschaft für sich. Die Athener aber erkannten immer mehr, welch einen Mann und Helden sie in ihrem König Theseus besessen hatten. Und also holte man, wie man so zu tun pflegt, auch im Fall des Theseus nach seinem Tode das nach, wozu man während seines Lebens nicht fähig und bereit gewesen war, baute ihm als einem Halbgott Tempel und Altäre, opferte ihm und feierte Feste ihm zu Ehren. Als man in der Schlacht bei Marathon das Heer der Perser entscheidend geschlagen hatte, da glaubten viele, daß sie ihn gesehen hätten, wie er der Erde entstiegen und in einer strahlenden Waffenrüstung den Athenern vorangezogen sei. Und so erhielten die Athener denn auch nach der endgültigen Besiegung der Perser von Delphi her ein Orakel, in dem ihnen der Gott von Delphi befahl, daß sie die Gebeine des Theseus aufsuchen und nach Athen schaffen und dort begraben sollten. Und als im Jahre 475 vor Christus der athenische Feldherr Kimon die Insel Skyros in dem Verfolgungskampf gegen die Perser einnahm, da ließ dieser alsbald nach dem Grab des Theseus suchen, doch wußte von den Inselbewohnern niemand es ihm zu zeigen. Aber da sah Kimon, wie auf einem Hügel ein Adler mit dem Schnabel an einer Stelle in den Boden hackte und mit seinen Krallen in der Erde scharrte. Und als man an der Stelle nachgrub, da stieß man auf einen Sarg, in dem ein Leichnam von übermächtiger Größe lag, und neben ihm lagen eine große, eherne Lanze und ein Schwert. Da sah Kimon, daß dies das Grab und der Leichnam des Theseus sein mußte, und er ließ mit aller Sorgfalt die Gebeine aufnehmen und brachte sie nach Athen, wo man sie mit glänzenden Festen und Umzügen ehrte und ihnen mitten in Athen die neue prächtige Grabstätte schuf. Dies Grab des Theseus in Athen wurde zu einer Freistatt für Sklaven und auch sonst für die Armen und Bedrückten, wenn diese auf die eine oder andere Weise den Übermut der Mächtigen zu fürchten hatten.

FUHRMANN ODER WAGENLENKER

Das wohl den meisten unter uns gut bekannte Sternbild des Fuhrmanns, das zwischen dem Sternbild der Zwillinge und dem des Perseus am Himmel steht, gibt ein Rätsel auf, von dem zunächst mit einem Wort kurz die Rede sein soll. Der leuchtendste Stern in diesem »Fuhrmann« ist nämlich Capella, die Ziege. Fuhrmann und Ziege – welch eine absonderliche Gesellschaft. Das Rätsel wird noch größer, wenn wir erfahren, daß unser »Fuhrmann« für die Griechen durchaus kein Fuhrmann gewesen ist: kein derber, grobschlächtiger Geselle, der auf Landstraßen Lasten befördert. Die Griechen sahen in dem Sternbild den feinen, edlen Wagenlenker oder, noch genauer: Zügelhalter (Heniochos), der, selbst ein Kämpfer und ein Held, neben dem alten Lanzenkämpfer auf dem Streitwagen stand und die schwere Kunst des geschickten Treibens und Lenkens des Viergespanns meisterte. Ein solcher Wagenlenker ist es, den, mit leicht eingeknickten Knien, so als wolle er die Stöße des dahinsausenden Streitwagens elastisch abfangen, bereits die alten Himmelsgloben darstellen. Und nun hat auf manchen Bildern dieser Wagenlenker auf seiner linken Schulter eine Ziege und gar noch zwei Böcklein auf dem Arm. Auch eine recht frühe dichterische Himmelsbeschreibung der Griechen verbindet den Wagenlenker mit der Ziege und den Böcklein, bemerkt dabei aber zugleich, daß die Ziege die heilige Ziege Amaltheia sei, die einst den Himmelsgott Zeus als kleinen Knaben mit ihrer Milch genährt habe – wodurch das Rätsel nur noch rätselhafter wird. – Es scheint, in den reinen, klaren Bezirk des Himmels ist hier einmal eine jener Verwirrungen hinaufgedrungen, an denen die Menschenwelt so reich ist, und wir müssen meinen, daß die Ziege und der Wagenlenker so zusammengekommen sind, daß man ursprünglich in vielleicht noch vorwiegend bäuerlichen Zeiten an jener Stelle des Himmels nur die Ziege mit ihren Böcklein sah und daß erst später auch der Wagenlenker an jene Stelle trat, der, obgleich wirklich nicht mit Ziegen befaßt, nun die Ziege mitsamt Böcklein auf seine Schulter nehmen mußte. Doch wollen wir für unsern Zweck dem Wagenlenker die Ziege lieber abnehmen und ihre kurze Geschichte vorneweg erzählen.

Kronos, der krummgesonnene Gott, der sich auf so furchtbare Weise gegen seinen Vater Uranos vergangen hatte und vor Zeus und den olympischen Göttern im Himmel herrschte, hatte eine Weissagung empfangen, er werde von seinem eigenen Sohn bezwungen und von seinem Herrscherstuhl gestoßen werden. Und also hatte der entsetzliche Barbar in seiner durch Furcht und Besorgnis nur gesteigerten Gewalttätigkeit alle seine Kinder, sobald sie geboren waren, eines nach dem andern verschlungen. Als nun aber Zeus geboren wurde, da gab die Mutter Rheia dem Kronos statt des Kindes einen Stein, den sie in Windeln eingewickelt hatte, und Kronos verschlang auch diesen. Das Zeuskind aber verbarg Rheia auf der Insel Kreta in einer Höhle am Nordabhang des dortigen Ida-Gebirges, und damit der Vater Kronos das Schreien des kleinen Zeuskindes nicht höre und es nicht doch noch verschlänge, führten die Kureten, die auf der Insel Kreta eine Gesellschaft von Priestern waren, vor jener Höhle einen Waffentanz auf, schrien und

Wagenlenker mit Ziege und Böcklein

schlugen mit ihren Waffen aneinander. Nun mußte das kleine Götterkind aber auch eine kräftige Nahrung haben, und diese bot ihm die Ziege Amaltheia dar. Und also wuchs Zeus am meisten durch ihre Hilfe kräftig heran und stieß später, wie geweissagt war, seinen Vater Kronos vom Thron und stellte das gerechte Weltregiment wieder her, das jener unholde Gott verletzt hatte.

Zum Dank für das, was Amaltheia dem neuen Himmelsgott geleistet hatte, als er noch ein kleines, schwaches Kind war, wurde die Ziege an den Himmel versetzt. Und aus ihrem Fell machte Zeus sich einen Schild, die schreckliche Aigis, die er, mit dem Gorgonenhaupt geschmückt, später so oft seiner Tochter Athene auslieh, wenn sie irgendwelche frevelhaften Feinde in Schrecken versetzen wollte. Aus dem wunderbaren Horn der Ziege Amaltheia aber pflegte Zeus zu trinken. Das Horn hatte die Wunderkraft, daß jeder, der es an den Mund setzte, weder Hunger noch Durst verspürte. Es labte später auch den Herakles, als dieser auf seinem Zug gegen Geryoneus in dem Sonnenbecher, den der Sonnengott ihm geliehen hatte, über das Meer nach Westen fuhr.

Um nun auf den Fuhrmann, oder den Wagenlenker, zu kommen, so gab es in der griechischen Sagenwelt eine so große Anzahl von berühmten Wagenlenkern, daß es nicht verwunderlich ist, wenn man mit jenem Wagenlenker am Himmel verschiedene, voneinander getrennte Sagen verknüpft hat. So soll Phaethon, der Sohn des Sonnengottes, dessen wahnwitzige Fahrt im Wagen seines Vaters durch den Himmel fast einen Weltbrand verursacht hat, jener Himmelswagenlenker sein. Allein diese Auffassung ist erst spät in der Antike heraufgekommen, und die Geschichte von Phaethon gehört richtiger und ursprünglicher zu dem leuchtenden Tagesgestirn der Sonne, und so wollen wir sie lieber im Zusammenhang mit der Sonne erzählen.

Eine andere Sage, die mit dem Sternbild des Wagenlenkers verknüpft wurde, führt uns in die älteste Geschichte Athens und zu den ältesten Vorgängern des Theseus zurück. Es war in jenen Urzeiten, als Kekrops der allererste König von Athen war, da stritten die beiden Götter Poseidon und Athene miteinander darum, wer von ihnen beiden für alle Zeiten als der Besitzer und das Haupt der Stadt Athen betrachtet werden sollte, und man kam überein, daß beide Götter zeigen sollten, was sie für die Stadt Athen Gutes zu leisten verstünden. Da ergriff Poseidon den Dreizack und hieb mit ihm mit solcher Wucht in den Felsen hinein – der später die Akropolis von Athen tragen sollte, zu jener Zeit aber noch nackter, starrer Fels war –, daß an der Stelle, wo er in den Felsen stieß, ein Brunnen entstand, in dem aus der Tiefe Meerwasser heraufdrang und der deshalb noch in späteren Zeiten »das Meer« genannt wurde. Man erbaute über dieser Stelle im Felsen später einen Tempel, das Erechtheion. Zugleich beschenkte Poseidon die Stadt Athen mit einer Zucht edelster Pferde. Dann aber kam Athene, und nachdem sie den König der Stadt zum Zeugen und Schiedsrichter aufgerufen hatte, pflanzte sie dicht neben jenem »Meer« des Poseidon einen Ölbaum, wie dieser nirgends sonst, weder in Asien noch auf der Peloponnes, so schön und kraftvoll erwachsen war. Die Perser, als sie die von den Athenern verlassene Stadt eingenommen hatten und man auf der athenischen Flotte vor Salamis der entscheidenden Schlacht entgegensah, brannten ihn nieder, bis nur ein verkohlter Stumpf von ihm übrig war, und doch soll dieser Stumpf schon am nächsten Tag wieder ein neues kräftiges Reis getrieben haben. Die athenischen Verbannten, die mit den Persern zurückgekommen waren, erkannten dieses als ein Wunder, das sie, Unheil ahnend, dem König Xerxes berichteten. – Als in jenen Urzeiten Athene jedoch den wunderbaren Ölbaum gepflanzt hatte, traten die zwölf Götter vom Olymp zusammen, um den Spruch darüber zu fällen, wem die Stadt Athen gehören sollte. Und auch die Götter des Olymp standen und staunten über die Kraft und Schönheit jenes Ölbaums. Und als nun König Kekrops vor sie trat und Zeugnis gab, daß die Göttin Athene den Baum gepflanzt hatte, da entschieden sie einstimmig, daß die Stadt Athen der Göttin Athene gehören solle. Das segenspendende Gewächs, das den Menschen von Geschlecht zu Geschlechtern das milde, nährende und lindernde Öl darbieten sollte, erschien ihnen verehrungswürdiger als das Roß, das den Mann in den Krieg begleitet, und der Brunnen, der die Stadt Athen auch in ihrem Innern mit dem Meer verband. Nun aber geschah noch dieses höchst Seltsame. Hephaistos, der göttliche Schmiedemeister, entbrannte in Liebe zu der jungfräulichen Göttin Athene, der Göttin allen kunstreichen Geschicks, als sie einmal zu ihm in seine Schmiede trat, um sich bei ihm mit Waffen zu versorgen. Im Gebiet der Stadt Athen holte er die Fliehende ein, doch als er sie umarmen wollte und sie sich seiner mit aller Kraft erwehrte, da geschah es, daß der Same des Hephaistos auf die Erde fiel, und Athene trat ihn voller Scham mit dem Fuß tief in den Staub hinunter, so daß ihn Gaia, die Göttin der Erde, empfing. Sie gebar aus ihm den Knaben Erichthonios und übergab ihn, als sie ihn geboren hatte, in der Gegenwart des Schmiedegottes Hephaistos wie auch des Königs Kekrops der Göttin Athene als seiner vorbestimmten jungfräulichen Mutter. Das Kind Erichthonios aber hatte von seiner Erdmutter her, die ihn empfangen und geboren hatte, Schlangenfüße. Deswegen schloß Athene den Knaben in einen runden, festen Korb ein und übergab diesen der Tochter des Königs Kekrops Pandrosos – sie vertraute dieser am meisten – zur Aufbewahrung und gebot ihr, daß weder sie selber noch irgend jemand anderes den Korb öffnen sollte. Doch waren da noch zwei andere Töchter des Kekrops, diese trieb die Neugier, daß sie den Deckel von dem Korb erhoben, und alsbald fuhr eine Schlange aus dem Korb und biß die beiden Mädchen, daß sie sterben mußten. Dann schlüpfte die Schlange pfeilgeschwind hinter den Schild der Athene und verbarg sich dort. Noch auf so manchen Standbildern der Göttin kann man sie bis auf den heutigen Tag dort sehen. Der Knabe Erichthonios aber wuchs heran, und als er herangewachsen war, da setzte ihn die Göttin Athene selber zum König von Athen ein. Noch ganz jung, stiftete er für die Göttin Athene die schönsten Feste und fuhr selber als erster im Rennwagen und lenkte ihn. Man erzählt, den

Rennwagen habe er erfunden, weil er sich seiner Schlangenfüße schämte und die Wagenmuschel diese bedeckte. Auch soll er sich bei der Erfindung dieses Rennwagens den Sonnenwagen zum Vorbild genommen haben. Die Göttin Athene aber lehrte ihn, die wilden Pferde des Poseidon, die damals weit und breit am Fuß der Burg von Athen umherstreiften, einzufangen und sie zu zähmen und anzuschirren. Und Zeus soll voll Staunen zugesehen haben, wie in dem jungen König Erichthonios der Menschengeist sich dazu erhob, daß er den Wagen der Sonne nachahmen konnte, und so setzte der große Himmelsgott den Erichthonios als Wagenlenker an den Himmel.

Ein anderer Wagenlenker, der an den Himmel kam, soll nach den auseinandergehenden Erzählungen der Menschen jener unglückliche Sohn des Königs Theseus, Hippolytos, gewesen sein, von dessen unschuldigem Tod wir schon Ursache wie Einzelheiten erzählt haben.

Wieder ein anderer berühmter Wagenlenker, den man in dem himmlischen Wagenlenker zu erkennen meinte, war Myrtilos, den wir noch heute auf dem östlichen Giebel des Tempels von Olympia, nichts Gutes sinnend, kauern sehen. Dieser Myrtilos war der Wagenlenker des Königs Oinomaos in der Landschaft Pisa auf der Peloponnes, eine jener unseligen, düsteren Gestalten, die in der Sagengeschichte wie wohl auch in der Menschengeschichte dazu bestimmt erscheinen, auf lange Zeit hinaus das Unheil von ganzen Geschlechtern – oder Völkern – hervorzurufen. Denn daß diesen Myrtilos dann Pelops vom Wagen in das Meer stürzen mußte, beschwor das Verhängnis herauf, das über dem dunklen Geschlecht des Pelops bis herab auf König Agamemnon von Mykene, der das große Heer gegen Troja versammelte, und seinen Sohn Orest fortdauern sollte. Die Geschichte, in der dieser Wagenlenker seine schlimme Bedeutung gewann, ist diese:

Oinomaos, der »Weinmann«, war von der Insel des edelsten Weines, Lesbos, in die große Halbinsel der mutterländischen Peloponnes herübergekommen. Doch hatte er in seinem Wesen kaum etwas von jener weinfreundlichen und liederreichen Insel Lesbos behalten. Von seinem Vater, dem Kriegsgott Ares, hatte er vielmehr die wilde, grausame Gemütsart geerbt und war als Sohn dieses Kriegsgottes vor allem ein Freund der Pferde. Sogar die leibliche Tochter, die ihm von seiner Frau Euarete, einer Schwester der Danae, der Mutter des Perseus, geboren worden war, hatte er um dieser Liebe zu den Pferden willen Hippodameia, die Pferdebezwingerin, genannt. Er liebte diese Tochter über alles und wollte sie auf alle Weise für sich selbst behalten. Als aber das Mädchen in das Alter gekommen war, in dem sich die jungen Männer um die Mädchen zu bemühen und sie heimzuführen pflegen, da legte er den von allen Seiten herbeikommenden Freiern eine gefährliche Probe auf. Jeder der Freier, der herbeikam, mußte mit ihm, dem Vater und kundigen Wagenlenker, einen Kampf mit dem Rennwagen bestehen. Dabei mußte sich die schöne Hippodameia, so als ob sie von dem Freier geraubt worden wäre, neben diesen auf dessen Wagen stellen und der Freier durfte, so schnell er nur wollte, losfahren von Pisa und Olympia bis hin zum Isthmos von Korinth. Oinomaos, der Vater, aber pflegte sodann in aller Gemächlichkeit einen Widder zu opfern, und sobald er das Opfer des Widders vollbracht hatte, fuhr er los und hinter dem Wagen des vermeintlichen Räubers seiner Tochter hinterdrein. Doch hatte er vor seinen Wagen Rosse besonderer Art gespannt. Die hatte sein Vater, der Kriegsgott Ares, ihm gegeben, zwei Stuten, Harpinna und Psylla mit Namen, und sie flogen so schnell und sicher dahin wie der Wind. Und mit diesen Stuten, der Freier mochte auf seine Pferde einhauen wie er wollte, erreichte Oinomaos windschnell stets den Freier, lange, ehe er zum Isthmos von Korinth gekommen war, und stieß ihm dann, von hinten heraneilend, so wie er es für sein ausbedungenes Recht hielt, den Speer in den Rücken und hatte gesiegt und fuhr die Tochter auf seinem eigenen Wagen wieder ins Land Pisa und nach Olympia zurück.

Den dreizehnten Freier der schönen Hippodameia hatte Oinomaos auf die geschilderte Weise schon erlegt und seinen Kopf zur Abschreckung für andere, die die Probe wagen wollten, am Tor seines Palastes angenagelt. Da erschien als vierzehnter Freier Pelops. Dieser war ein Sohn des Tantalos, dem die Götter so, wie niemals vorher oder nachher einem Menschen, Ehre erwiesen hatten. König des reichen Lydien war er gewesen, ebenso klug wie wissensdurstig. Und so luden die Götter diesen besonderen Mann an ihren Tisch, und selbst der Göttervater Zeus erfreute sich seines klugen und wissenden Gesprächs. Doch plagte den Neugierigen, der gern alles erforschte, der Eifer, also daß er von dem Tisch der Götter, zu dem er geladen war, die Götterspeise, Nektar und Ambrosia, heimlich stahl, die doch nur die Unsterblichen genießen durften, um auszuprobieren, wie diese Götterspeise wohl auch sterblichen Lippen munden möchte. Auch von den Gesprächen der Götter, wie die Götter sie an ihrer Tafel miteinander führten, gab der verwegene Mann gar manches den Menschen bekannt. Und schlimmer noch, als einmal Zeus ihn fragte, was er sich wohl am meisten wünschen möchte, da wünschte er sich das Überschwengliche, daß er als Mensch ein Leben wie die Götter auf dem Berge Olympos führen dürfte. Nun, Zeus gewährte ihm diesen Wunsch. Doch ließ er, während Tantalos nun die ganze Seligkeit der Götter als armseliger Mensch genoß, beständig über seinem Haupte einen gewaltigen Felsblock schweben, so als ob dieser Fels in jedem nächsten Augenblick auf das Haupt des Tantalos herunterfallen und ihn, Haupt wie den ganzen Mann, zerschmettern mochte. Und so genoß denn Tantalos die ganze Seligkeit der Götter. Allein auch damit nicht genug, brachte Tantalos es fertig, daß er seinen eigenen Sohn, Pelops, wie ein Opfertier schlachtete und den Knaben kochte und das Fleisch den Göttern, die er zu sich geladen hatte, an seinem gastlichen Tisch zum Mahl vorsetzte. Ein verwegener Eifer stach ihn zu erfahren, ob die Götter so weit Götter seien, daß sie die besondere Art des Wildbrets, das er ihnen vorsetzte, erkennen würden. Und den Göttern blieb vor Entsetzen der Bissen im Munde stecken. Nur eine unter ihnen, Demeter, in der tiefen Trauer, die sie damals umfing, weil ihre Tochter Persephone von Hades, dem Gott der Toten, in die Welt der Toten hinabgeraubt und zu seiner Gattin gemacht worden war, verzehrte in der Vergessenheit der Trauer ein Stück von der Schulter des Knaben. Da ließ indessen allsogleich Hermes den zerstückelten Leib des unschuldigen Knaben von neuem in aller Lebendigkeit erstehen, nur weil von seiner Schulter ein Stück fehlte – jenes Stück, das Demeter gegessen hatte –, so setzte er ihm an dieser Stelle ein Stück von strahlendem Elfenbein ein: von diesem strahlte nun die Schulter des Pelops sein ganzes Leben hindurch. Der fromme Dichter Pindar jedoch meinte, auch in der größten Trauer habe eine Göttin niemals das Fleisch eines Menschen essen können, und Pelops sei nur eben so schön gewesen, daß seine Schulter wie Elfenbein glänzte, und also habe der Gott Poseidon den schönen, wundersamen Knaben über alles geliebt und habe ihm auch die höchste Kunst im Lenken des Wagens auf sein Bitten verliehen. Indessen meinten nun die Götter, daß der Vater des Pelops, Tantalos, ein gar zu schlimmes Spiel mit ihrer Liebe und ihrer Freundschaft getrieben habe, und also verdammten sie ihn schweren Herzens in der Unterwelt, in die sie ihn als einen Büßer hinabgestoßen hatten, dazu, daß er in einem Wasser stehen mußte, ewig dürstend, und daß, wenn er trinken wollte und mit der Hand das Wasser zu schöpfen suchte, dies Wasser sich von ihm zurückzog, und daß sodann über seinem Haupt sich ein Zweig, beladen mit den herrlichsten Früchten, herabneigte, und wenn er essen wollte, ein Windstoß kam und den Zweig, unerreichbar für ihn, in die Höhe schnellte. –

Der Sohn dieses Tantalos also, jener Pelops, hatte sich, als er eben herangewachsen und ihm noch kaum der Bart gesproßt war, aufgemacht, um die schöne Hippodameia, um die schon dreizehn Freier ihr Leben gelassen hatten, nun als der vierzehnte Freier für sich zu erwerben. Er sagte sich in seinem edlen Sinn, daß er, wenn er als Mensch doch einmal sterben müsse, lieber, wenn es denn sein müsse, in der Jugend um des Schönen willen sterben wolle, anstatt für eine lange Zeit nur so dahinzuleben. Und so ging er eines Nachts an das Gestade des Meers und rief den Gott Poseidon, der ihm seine Liebe geschenkt hatte: es möge der Gott ihm, wenn er denn die Gaben der Aphrodite recht zu würdigen wisse, für seine Unternehmung ein gutes Gelingen schenken. Und Poseidon, der den Pelops über alles liebte, erschien aus dem Meer vor ihm und gab ihm einen Rennwagen, der aus purem Golde war, und für den Rennwagen Pferde, die Flügel hatten und nie ermatteten. Pelops vermochte mit diesem Wagen auch über das Meer dahinzufahren, und nicht einmal die Achsen seiner Räder wurden dabei naß. Und Pelops kam nun über das Meer herangebraust und fuhr vor dem Palast des Oinomaos vor. Als er jedoch am Tor des Palastes die dreizehn Köpfe seiner Vorgänger angenagelt sah, da erschrak er beim ersten Anblick nun doch ein wenig. Allein da stand die überschöne Hippodameia am Tor und sah den Fremdling aus Lydien freundlich an, und im Augenblick war sein Herz auch durch und durch von Liebe zu dem schönen Mädchen erfüllt, und die Liebe gab ihm einen wunderstarken Mut. Auch Hippodameia, wie sie den schönen Fremdling aus Lydien schlank und fein vor der Tür des Palastes halten sah, verliebte sich gleich auf der Stelle in ihn. Und sie begab sich zu Myrtilos, jenem Wagenlenker ihres Vaters, denn sie wußte, daß dieser schwerfällige Mann sie insgeheim liebte, aber nicht um sie zu freien wagte, wiewohl er doch jenen Gott Hermes zum Vater hatte, der den Pelops, als er noch als junges Kind zerstückelt und gesotten worden war, aus Tod und Zerstückelung hatte neu erstehen lassen. Diese geheime Liebe des Myrtilos zu ihr benutzte das Mädchen – so wie Mädchen sind – um ihrer neuen Liebe zu Pelops willen. Und so tat sie ein wenig schön mit dem armen Myrtilos und erreichte es durch mancherlei Vorspiegelungen wirklich, daß dieser seinen Herrn und König Oinomaos verriet – um des neuen Freiers der Hippodameia willen. Und also schlug Myrtilos, als er den Rennwagen des Oinomaos für die Wettfahrt fertig machte, die Zapfen weg, mit denen die Räder an der Wagenachse befestigt waren, oder, wie man auch berichtet, er setzte statt der eisernen Pflöcke an dieser Stelle an den Naben Pflöcke aus Wachs ein, die, wenn die Räder sich heißgelaufen hatten, wie Öl wegschmelzen mußten. Und so flogen die Räder von dem Wagen des Oinomaos hinweg, als dieser auf seiner Fahrt hinter Pelops und Hippodameia her immer schneller und schneller geworden war, und Oinomaos fiel vom Wagen und verwickelte sich in seine eigenen Zügel und wurde von seinen eigenen windschnellen Stuten zu Tode geschleift. Manche sagen, daß Pelops dem Gestürzten auch noch den Todesstoß gegeben habe. Der sterbende Oinomaos verfluchte den Myrtilos um des Verrates willen, den dieser an ihm begangen hatte, und dieser Fluch wirkte fort und traf nicht nur den Myrtilos, sondern er verstrickte auch den jugendlichen Pelops in Schuld. Denn als Myrtilos sich nunmehr auf den allgoldenen Wagen des Pelops stellte, auf dem auch die Braut des Pelops Hippodameia fuhr, da wagte es Myrtilos, die geliebte Hippodameia zu küssen. Oder auch: Pelops stieg während der Fahrt vom Wagen, als man zu einer Quelle gekommen war, um Wasser für Hippodameia zu holen, die es dürstete, und unterdessen verging sich Myrtilos an Hippodameia. Dem Pelops entgeht der schlimm vergessene Versuch des Myrtilos nicht, allein er tut so, als hätte er nichts bemerkt, und als er dann mit seinen geflügelten Pferden bei der südlichen Spitze der Insel Euboia beim Geraistischen Vorgebirge ans Meer gekommen ist, stürzt Pelops, während die sausende Fahrt aufs Meer hinausgeht, den Myrtilos von seinem Wagen ins Meer, in dem dieser versinkt und stirbt. Man hielt die Erinnerung an diese verwegene Tat des Pelops bis in späteste Zeiten darin fest, daß man das Meer an dieser Stelle – wohl auch dem getöteten Myrtilos zu Ehren – das Myrtoische Meer genannt hat und es so weiter nannte. Und erkennen wir nun diesen Myrtilos noch heute in dem Wagenlenker an unserm Himmel, so geschieht dies noch heute diesem Myrtilos, sei es zur Ehre, sei es zum warnenden Gedächtnis an jenen Verrat, den er doch nur aus Liebe und sich selbst zum Unheil an seinem Herrn begangen hat.

Indessen mußte es unklar bleiben und bleibt unklar bis auf den heutigen Tag, ob Pelops, als er den Myrtilos ins Meer stieß, nicht doch nur den Nebenbuhler auf diese Weise beseitigt hat, und also lastete diese schwere Tat von nun an auf ihm selbst und seinem ganzen Haus. Zunächst zwar blühte das Haus des Pelops herrlich heran und wurde mächtig in Kraft wie Reichtum. Hippodameia gebar dem Pelops sechs stattliche Söhne. Doch da geschah es, daß dem Pelops ein siebenter Sohn, wie

Sophokles berichtet, von der Nymphe Axioche geboren wurde, und Pelops hatte gerade diesen Sohn, der ein Sohn der reinen Liebe war, besonders in sein Herz geschlossen. Dieser Sohn war der wunderschöne Chrysippos. Hippodameia aber, um die Erbfolge ihrer eigenen Söhne besorgt, tötete den Chrysippos, und Pelops verbannte sie darauf aus seinen Augen, und seine andern Söhne, die ihm Hippodameia geboren hatte, verfluchte er, daß sie im Lande zerstreut sich alle gegeneinander vernichten sollten. Oder es heißt auch, Laios, der später der Vater des Ödipus werden sollte, habe diesen Chrysippos, weil er ihn liebte, nach Theben verschleppt und damit auch eine schwere Schuld auf sich und sein Geschlecht geladen. Aber auch der Fluch, den der im tiefsten verbitterte Pelops über die eigenen Söhne gesprochen hatte, wirkte fort: furchtbare Taten, Kindesmorde, Opferungen der eigenen Tochter, Gattenermordungen, Muttermorde, Wahnsinn waren es, die von da an düster und unheimlich den Weg des ferneren Geschlechtes, den Weg des Atreus, des Thyestes, des Agamemnon bis herab auf den unseligen Orest bezeichnen sollten.

DIE MORGENRÖTE UND DIE SONNE

Den bestirnten nächtlichen Himmel und die Welt der an ihm abgebildeten Helden haben wir soweit auf unserem Weg durchschritten und sind dabei mittlerweile in die Stunde gelangt, wo sich der Horizont im Osten weißlich färbt und das Schwarz des Himmels wesenlos wird und die Sternbilder verblassen. Eos, das heilige Frühlicht, die Morgenröte mit ihren rosenroten Fingern und ihrem safrangelben Kleid, lenkt als die Vorläuferin des Sonnengottes, der siegreich den neuen Tag bringt, ihr Viergespann die steile Himmelsbahn hinauf, und gern gedenken wir auch ihrer Geschichte, die bei ihr, der Taufrischen, Heiteren, Lebendigen und zum Leben Erweckenden, die Geschichte ihrer Liebe und fortgesetzten Liebestorheit ist.

Da hatte dieses muntere Ding doch wirklich versucht, der großen Liebesgöttin ihren Geliebten, den wilden Ares, abspenstig zu machen, und die Liebesgöttin Aphrodite hatte ihr zur Strafe eine fortgesetzte törichte Verliebtheit angehängt. Und so liebte sie, als der junge Tag, der sie war, vor allem das Jugendliche und raubte sich ihre Geliebten, die dann meistens so schnell wie eben der junge Tag vergehen mußten. Und also raubte sie den Kleitos, den sie liebte, weil er so über die Maßen schön und jugendfrisch war, und hätte ihn gern unter die Unsterblichen versetzt. Und so liebte und raubte sie sich den riesigen Himmelsjäger Orion, bis ihn Artemis mit ihren Pfeilen auf der Insel Ortygia erlegte; raubte sich den Kephalos und gebar ihm den schönen Phaëthon, der so schön war, daß Aphrodite selber sich in ihn verliebte und ihn stahl, als er noch ein ganz junger Knabe war, ihn göttlich und zum Dämon machte und zum Diener bestellte in ihrem Tempel. Und raubte sich schließlich den Tithonos, der ein Sohn des Königs Laomedon von Troja und unter allen jungen Knaben damals der blühendste und schönste war. Er wurde ihr eigentlicher Gatte, und von seinem Lager erhebt sie sich allmorgens, wenn sie sich aufmacht, um den Menschen den Tag zu bringen. Und weil nun dieser Tithonos ein so gar über die Maßen feiner und schöner Junge war, so trat Eos, als sie ihn sich geraubt hatte, vor Zeus und die Götter des Olympos und bat darum, daß Zeus und die Götter des Olympos dem Geliebten die Unsterblichkeit verleihen möchten. Allein vernarrt, wie sie nun einmal war, vergaß sie, für den Geliebten zusammen mit der Unsterblichkeit auch die ewige Jugend der Götter zu erbitten, und närrisch in ihrer Liebe lebten so die beiden zuerst in ihrer Hütte weit im Osten am Welt-Strom im Lande der Aithiopen miteinander glücklich fort. Allein, indes die Jahre kamen und gingen, begann Tithonos zu altern, seine blütenweiße Haut erschlaffte, Runzeln durchfurchten sie, sein Haar am Haupt und an seinem Bart verfärbte sich und wurde weiß, und Eos schloß ihn nicht mehr gern in ihre Arme und mied sein Bett. Doch pflegte sie seiner sorglich wie eines kleinen Kindes, gab ihm Ambrosia, die Götterspeise, zu essen und zog ihm die schönsten Kleider an. Vergeblich, unsterblich alterte Tithonos und schwand dahin und schrumpfte ein und wurde häßlich und konnte kein Glied mehr rühren. Und Eos schloß ihn in eine Kammer ein, aus der nur noch schrill und durchdringend mit Kraft seine Stimme zu vernehmen war. Er aber war zu dem trockenen Insekt mit der durchdringend hellen Stimme: zur Zikade geworden, während Eos jugendfrisch und schön mit rosenroten Fingern wie einst in safrangelbem Kleid auf ihrem Viergespann allmorgendlich als Vorläuferin des Sonnengottes fortfährt, den Menschen den neuen Tag zu bringen.

Der Beherrscher des neuen Tags ist Helios, die Sonne, in der die Griechen aber keinesfalls unsere gütige mütterliche »Frau Sonne« sahen. Das Sonnenlicht ist in den klaren südlichen Breiten männlich scharf und gebieterisch, und Helios, der Titan, der »Sohn der Höhe«, Hyperion, Sohn der Titanin Theia, der Göttlichen, ist also ein schöner, starker, heldenhafter Mann. Im lichten Gewand mit einer Strahlenkrone um sein Haupt lenkt er seine feueratmenden Pferde, und das Schönste an ihm ist sein großes feuriges scharfes Auge. Er ist der Gott, der auf seiner täglichen Himmelsbahn alles sieht und alles hört, und also ruft man ihn auf der Erde zumal als Schwurzeugen an. Im fernsten Osten und im fernsten Westen, wo Helios seine Tagesfahrt über den Himmel allmorgendlich beginnt und wo er sie allabendlich beendet, wohnen die Aithiopen, die so gute und fromme Menschen waren, daß sich die Götter gern gastlich bei ihnen aufhielten und ihre Hundertopfer entgegennahmen. In dem einen westlichen Lande der Aithiopen lag ein See, dessen Spiegel so blank wie flüssiges Erz war; in diesem pflegte Helios sich selbst und seine Rosse nach der Fahrt zu baden. Im Osten aber wiederum stand die Sonnenburg Aiaia, wo jener Aietes wohnte, der ein Sohn des Sonnengottes und der Vater der Zauberin Medea war. Ihre Geschichte haben wir schon erzählt, als wir über die Geschichte von dem Raub des Goldenen Vlieses und dem Argofahrer Iason berichtet haben. Ein eigenes Land indessen, in dem die Menschen eigens ihn verehrten und ihm Opfer brachten, hatte der Sonnengott Helios bislang noch nicht. Er war auf seiner täglichen Fahrt über den Himmel nicht dabeigewesen, als die übrigen Götter bei der Verteilung der Inseln und der Gebiete auf dem Festland die Lose warfen, und so war Helios ohne jedes Landlos ausgegangen. Als er dann später kam und Beschwerde führte, da wollte Zeus die Verlosung ungeschehen machen, doch Helios ließ es nicht zu und sagte, daß er auf seinem Wege über den Himmel mit seinen scharfen Augen in der Tiefe des grauen Meeres ein Land vom Grunde habe heraufwachsen sehen, reich an fetten Weiden und lieblich für Schafzucht. Und er verlangte, daß Lachesis, die große Verteilerin und Schicksalsgöttin, sogleich ihre Hände erhebe und ohne Falsch den großen Eid der Götter spreche und Zeus, der Sohn des Kronos, diesen Eid mit dem Nicken seines Hauptes bekräftigen sollte: daß, wenn jenes Land in der Tiefe der See zur hellen Himmelsluft emporgestiegen sei, es künftig ihm, dem Helios, als Ehrengut gehören sollte. Und die Worte des Helios wurden erfüllt in Wahrheit. Und aus dem feuchten Meer wuchs eine Insel, Rhodos, das Roseneiland, und sie wurde das Land des Vaters und Erzeugers der scharfen Sonnenstrahlen, des Herrn und Lenkers der feueratmenden Pferde. Und Helios vereinte sich in Liebe mit der schönen Göttin dieser Insel und erzeugte mit ihr sieben Söhne, die unter allen jenen Menschen von damals die weisesten Gedanken hatten. Ihnen entstammte ein Volk, dem die Göttin Athene später verlieh, daß sie als Bildhauer und Metallarbeiter Werke schufen, die lebendig zu sein und zu wandeln schienen, und so in jeder Art von Kunst mit der besten Arbeit ihrer Hände alle Bewohner der Erde übertrafen. Denn Athene, die Göttin des Kunst-Handwerks, war auf dieser Insel des Sonnengottes geboren worden mit Hilfe der Kunst des Schmiedegottes Hephaistos. Dieser hatte mit seinem erzgetriebenen Beil der Göttin, als sie aus dem Haupte des Vaters

Zeus geboren werden sollte, mit einem Hieb den Weg frei gemacht, und erzgepanzert war sie mit dem gewaltigen Kriegsruf Alalá auf den Lippen aus dem Haupte des Vaters Zeus emporgefahren. Damals befahl der Sonnengott seinen Söhnen, daß sie als erste der neuen Göttin einen weithin sichtbaren Altar begründen und ihr auf diesem Altar ein heiliges Opfer darbringen sollten. Jedoch als sie das Opfer bringen wollten und an den Altar getreten waren, da hatten sie den Keim des hellen Feuers vergessen und verehrten die neue Göttin mit feuerlosen Opfern auf der Höhe ihrer Stadt. Zeus aber führte eine brandgelbe Wolke über den Himmel bis zu dieser Stelle herauf und ließ statt des Feuers über den Altar Gold herniederregnen und ehrte zusammen mit der neuen Göttin so das Land, das als die Sondergabe für den Sonnengott aus der Meerestiefe, als der Inseln schönste bis auf den heutigen Tag, emporgewachsen war.

Auch von einem schönen Besitz des Helios hören wir, den er in der Gestalt von sieben mal fünfzig Rindern auf der dreigespitzten Insel Thrinakia hegte und an dem er sich stets einzig freute, wenn er auf seiner Fahrt über den Himmel auf diese Insel herniedersah. Die Rinder, welche in fleckenloser Weiße strahlten, wurden von seinen beiden Töchtern Phaëthusa und Lampetiä gehütet. Dann aber kam Odysseus auf seiner Fahrt von der Zauberin Kirke, auch sie eine Sonnentochter, nach Thrinakia. Und obgleich Odysseus seinen Gefährten auf das genaueste verboten hatte, sich an diesen Rindern des Sonnengottes zu vergreifen, schlachteten die Unseligen – widrige Winde wehten und man litt Hunger – doch einige von den heiligen Rindern und aßen von ihrem Fleisch. Odysseus war abwesend auf Jagd, und als er bei seinen Gefährten wieder anlangte, sah er zu seinem Schrecken, wie die Häute der so frevelhaft geschlachteten Rinder über den Boden krochen und wie das Fleisch, das bereits an den Bratspießen schmorte, erbärmlich brüllte. Und Helios, über diesen Frevel an dem Vieh, das seine Freude war, ergrimmt, trat vor Zeus und drohte, daß er künftig nicht mehr der Erde, sondern allein der Unterwelt scheinen wollte, wenn dieser Frevel an seinen Rindern ungestraft hingehen werde. Und so kam es, daß Zeus dem Odysseus auf seiner Weiterfahrt den Seesturm schickte, in dem alle Gefährten des Odysseus elend zugrunde gingen und nur er allein, der Schuldlose, auf dem Kiel seines Schiffes reitend zur Insel der Kalypso kam.

Allein, sogar dem Lichtbringer, dem Gott des hellen leuchtenden Tages ist das schwerste Leid nicht erspart geblieben. Ein herrlicher Sohn, Phaethon, der Lichthelle, war ihm von Klymene, einer Tochter des Weltstroms Okeanos und der Göttin des Meeres Tethys, herangewachsen. Klymene, die dem Sonnengott zuerst durchaus nicht zu Willen sein mochte, bat sich, als er sie dann doch bezwang, das eine aus, daß, wenn sie einen Sohn empfangen und gebären würde, dieser Sohn bei seinem Vater für künftig einen Wunsch freihaben sollte. Und Helios hatte ihr dieses zugesagt, doch ein einziger Wunsch nur sollte es sein und keiner mehr. Klymene wurde dann die Frau des Merops, der als König in dem fernen östlichen Lande waltete, wo Helios jeden Morgen mit seinem Wagen am Rand der Erde aufstieg. Und Merops zog den strahlenden Sohn des Sonnengottes Phaethon als seinen eigenen einzigen Sohn heran. Doch wie nun Merops diesen Sohn mit einer Göttin vermählen will und Phaethon sich vor dieser so hohen Verbindung scheut, da enthüllt die Mutter dem Sohn das Geheimnis, daß er selber der Sohn eines Gottes, Sohn des Sonnengottes ist. Und Phaethon will es nicht glauben, und um sich bei seinem Vater die Bestätigung zu holen, tritt er in frühester Morgenfrühe vor ihn und bittet ihn, da er ja bei dem Vater den einen und einzigen Wunsch frei hat, daß er selbst, der

Sohn, den Sonnenwagen besteigen und ihn über den Himmel lenken darf. Und Helios, der den schönen Sohn liebt und von der schwierigen Fahrt für ihn das Schlimmste befürchtet, rät ihm, daß er von dem überkühnen Wunsch abstehen möge. Doch Phaethon will die volle Wahrheit über sich selbst und seine Herkunft erzwingen und besteht auf seinem Wunsch. Und Helios gibt nach und gibt ihm viele Mahnungen mit auf den Weg, wie er am Himmel zwischen den vielen Sternbildern: dem Widder, dem Stier und den Zwillingen, dem Krebs, dem Löwen und der Jungfrau, der Waage, dem Skorpion, dem Schützen, dem Steinbock, dem Wassermann und den Fischen, ungefährdet seinen Weg durchlenken solle. Doch Phaethon hört kaum auf den Vater und hat nur den herrlichen Wagen in seinem Sinn, den ihm der Vater nun vorführt: ganz aus Gold gebildet ist er, Achsen, Deichsel, Räder, alles aus Gold, nur die Speichen an den Rädern von Silber. Und als Eos, die Morgenröte, nun das Tor aufstößt und die Göttinnen der Stunden, die Horen, die feuerschnaubenden Rosse herbeiführen und an den Wagen schirren, da besteigt er, der Sohn, von hohem Mut erhoben den Wagen des Vaters und lenkt ihn über die Himmelsbahn, und federleicht ziehen ihn die Sonnenrosse dahin und er frohlockt im Jugendübermut, wie er so den weiten Himmel hinanfährt und über die ganze Erde Licht verbreitet. Allein, wie er nun an der Kuppe des Himmels angelangt ist, da vermag er die rennenden Pferde nicht mehr festzuhalten. Die Sterne suchen vor dem heißen Wagen, der ihnen gar zu nahe kommt, zu fliehen, Bärin und Bootes wenden sich ab. Und Phaethon sieht in der Tiefe unter sich ganz klein die Erde liegen und ihn schwindelt, und Angst erfaßt ihn. Er sieht die Bilder des Tierkreises und erschrickt, und aufwärts und abwärts geht die Fahrt, und er kommt der Erde so nahe, daß sie brennt und das fromme Volk der Aithiopen schwarzbrennt und die feurige Hitze Libyen trockenlegt, also daß dort bis heute nur eine Wüste starrt. Und Phaethon selbst auf seinem Wagen vermag vor Hitze nicht mehr zu atmen, und die Erde in der Tiefe erhebt bittend ihre Hände zu Zeus, daß er ein Ende mache, denn sie drohe zu verbrennen. Da erkennt Zeus, daß er den kühnen Hochgemuten vernichten muß, und schießt seinen Blitz auf ihn aus wolkenlosem Himmel. Und Phaethon, vom Blitz getroffen, stürzt, auch in seinem Tode noch immer glühend als ein herrlich funkelnder Meteorstein vom Himmel auf die Erde, mitten hinab in den Fluß Eridanos, der ihm den Rauch und die Brandmale abspült. Und Nymphen, die an dem Flusse wohnen, bergen seinen Leichnam und bestatten ihn und setzen den ehrenden Grabspruch auf sein Grab, daß er Großes gewagt habe und groß gestorben sei. Der Sonnengott Helios verhüllt sein Haupt, und der Tag geht ohne Sonne und Licht dahin. Und die Töchter des Sonnengottes, die Heliaden und Schwestern des Phaethon, beweinen den Jüngling über vier mal vier Mondwochen hin und werden, indem sie ihn beweinen, in Pappeln verwandelt, und ihre Tränen gerinnen zu goldgelbem Bernstein. Der Fluß Eridanos aber wird unter die Sternbilder an den Himmel versetzt um des Trauerdienstes willen, den er dem verbrannten Phaethon geleistet hat, der ein so herrlicher Jüngling gewesen war und so Großes gewollt hatte – doch es gelang ihm nicht.

Der Sonnengott Helios indessen zieht Tag für Tag auch nach dem Tod des Sohnes seine Bahn und spendet über die Erde Licht und Leben. Sobald die rosenfingrige Eos den Okeanos verläßt und zum Himmel aufsteigt, hat ihn das vielersehnte Lager, der beflügelte Sonnenbecher, den der Schmiedegott Hephaistos für ihn aus purem Gold mit seinen Händen gefertigt hat, auf dem Weltstrom Okeanos in schneller Fahrt über die Wasser getragen, rund um die Erde, vom westlichen Land der Hesperiden zurück zum östlichen Lande der Aithiopen. Nur kurz ist der Schlummer, den Helios auf dieser Fahrt genießt. Denn schon stehen im Osten seine Pferde und sein Wagen bereit und warten, daß Eos, die Morgenröte, die Frühgeborene, komme. Und wieder besteigt Helios, der Sohn der Höhe, den schnellen Wagen, um unerschöpflich strahlend allen Lebewesen, heute wie je, den neuen Tag zu bringen.

HEMISPHÆRIUM
in quo Fixarum loca secundum Eclipticæ ductum ad annum 1730. completum exhibentur à
Scorpius
Libra
Lupus
Virgo
Corvus
Crater
Hydra
Tropicus
Argo Navis
Leo
Cancer
Gemini

COELI AUSTRALE
19
Capricornus
Eridanus
Cetus
Aequator
Taurus

Literatur der Welt

Apuleius. Der goldene Esel
Mit Illustrationen von Max Klinger zu »Amor und Psyche«. Aus dem Lateinischen von August Rode. Mit einem Nachwort von Wilhelm Haupt. it 146

Giovanni di Boccaccio. Das Dekameron
Hundert Novellen. Ungekürzte Ausgabe. Aus dem Italienischen von Albert Wesselski und mit einer Einleitung versehen von André Jolles. Mit venezianischen Holzschnitten. Zwei Bände. it 7/8

Miguel de Cervantes Saavedra. Der scharfsinnige Ritter Don Quixote von der Mancha
Mit einem Essay von Iwan Turgenjew und einem Nachwort von André Jolles. Mit Illustrationen von Gustave Doré. 3 Bände. it 109

Chinesische Liebesgedichte aus drei Jahrtausenden
Von den mäßigen Gefühlen
Aus dem Chinesischen übertragen, nachgedichtet und herausgegeben von Ernst Schwarz. Mit zeitgenössischen Illustrationen. it 442

Dante. Die Göttliche Komödie
Mit Holzschnitten von Botticelli. Deutsch von Friedrich Freiherrn von Falkenhausen. Zwei Bände. it 94

Eisherz und Edeljaspis
Aus dem Chinesischen von Franz Kuhn. Mit Holzschnitten einer alten chinesischen Ausgabe. Mit einem Nachwort und Anmerkungen von Franz Kuhn. it 123

Die Erzählungen aus den Tausendundein Nächten
Einleitung von Hugo von Hofmannsthal. Vollständige deutsche Ausgabe in zwölf Bänden. Nach dem arabischen Urtext der Calcuttaer Ausgabe aus dem Jahre 1839. Übertragen von Enno Littmann. Mit farbigen Miniaturen. In farbiger Schmuckkassette. it 224

Die Blümlein des heiligen Franziskus von Assisi
Aus dem Italienischen nach der Ausgabe der Tipografia Metastasio, Assisi 1901, von Rudolf G. Binding. Mit Initialen von Carl Weidemeyer. it 48

Geschichten aus dem Mittelalter. Herausgegeben von Hermann Hesse
Aus dem Lateinischen übersetzt von Hermann Hesse und J. G. Th. Graesse. it 161

Literatur der Welt

Geschichten der Liebe aus den 1001 Nächten
Aus dem arabischen Urtext übertragen von Enno Littmann. Mit acht farbigen Miniaturen. it 38

Homer. Ilias
Neue Übertragung von Wolfgang Schadewaldt. it 153

Indische Liebeslyrik
In Übertragungen von Friedrich Rückert. Herausgegeben und eingeleitet von Helmuth von Glasenapp. it 431

Sören Kierkegaard. Das Tagebuch des Verführers
it 405

Kin Ping Meh oder Die abenteuerliche Geschichte von Hsi Men und seinen sechs Frauen
Aus dem Chinesischen von Franz Kuhn. Mit Illustrationen aus dem 17. Jahrhundert. Zwei Bände. it 253

Des Knaben Wunderhorn
Gesammelt von Achim von Arnim und Clemens Brentano. Ausgewählt von Friedrich Ranke. Mit einem Vorwort von Konrad Feilchenfeldt. Mit zeitgenössischen Illustrationen. it 85

Konfuzius. Materialien zu einer Jahrhundert-Debatte
Gesammelt von Joachim Schickel. it 87

Giacomo Leopardi. Ausgewählte Werke
Aus dem Italienischen übersetzt von Ludwig Wolde. Mit einem Nachwort versehen von Ralph-Rainer Wuthenow. it 104

Nikolai Leskow. Das Kadettenkloster und andere Erzählungen
Aus dem Russischen von Ena von Baer u. a. Mit Illustrationen von Theodor Eberle. it 422

Longus. Daphnis und Chloë
Ein antiker Liebesroman. Aus dem Griechischen übersetzt und mit einem Nachwort von Arno Mauersberger. Mit Illustrationen der »Édition du Régent«. it 136

Lukian. Hetärengespräche
Mit Illustrationen. it 408

Literatur der Welt

Marc Aurel. Wege zu sich selbst
Übertragen und mit einer Einführung von Willy Theiler. it 190

Minnesinger
In Bildern der Manessischen Liederhandschrift. Mit Erläuterungen herausgegeben von Walter Koschorreck. Vierundzwanzig Abbildungen im Vierfarbendruck. it 88

Morgenländische Erzählungen – Palmblätter
Nach der von Johann Gottfried Herder und August Jacob Liebeskind besorgten Ausgabe neu herausgegeben, mit einem Nachwort von Hermann Hesse. Eingeleitet von Johann Gottfried Herder. it 409

Die Nibelungen
In der Wiedergabe von Franz Keim. Mit den berühmten farbigen Jugendstilillustrationen von Carl Otto Czeschka. Mit einem Vor- und Nachwort von Helmut Brackert. Im Anhang die Nacherzählung »Die Nibelungen« von Gretel und Wolfgang Hecht. it 14

Kakuzo Okakura. Das Buch vom Tee
Aus dem Japanischen von Horst Hammitzsch. Mit Abbildungen. it 412

Ovid. Liebeskunst
Mit etruskischen Wandmalereien. it 164

Petronius. Das Gastmahl des Trimalcho
it 169

Platon. Dialoge
Nach der Übersetzung und mit den Erläuterungen Friedrich Schleiermachers. Revision und Nachwort von Christoph Michel in Verbindung mit Reinhard Thurow und Johann Löwenthal. it 289

Platon. Phaidon
Aus dem Griechischen übersetzt von Rudolf Kassner. Herausgegeben von Karl Hielscher. it 379

Platon. Theaitet
In der Übersetzung mit den Erläuterungen Friedrich Schleiermachers. Revision und Nachwort von Reinhard Thurow. it 289

Literatur der Welt

Die Rache des jungen Meh
oder das Wunder der zweiten Pflaumenblüte. Aus dem Chinesischen von Franz Kuhn. it 353

Die Räuber vom Liang Schan Moor
Aus dem Chinesischen von Franz Kuhn. Zwei Bände. it 191

Reden und Gleichnisse des Tschuang-Tse
Ausgewählt und mit einem Nachwort von Martin Buber. it 205

Der Sachsenspiegel in Bildern
Aus der Heidelberger Bilderhandschrift ausgewählt und erläutert von Walter Koschorreck. Mit 48 Abbildungen im Vierfarbendruck und Bilderläuterungen. it 218

Sappho. Strophen und Verse
Herausgegeben und übersetzt von Joachim Schickel. Mit antiken Darstellungen der Sappho. it 309

Sophokles. Antigone
Herausgegeben und übertragen von Wolfgang Schadewaldt. Mit einem Nachwort, einem Aufsatz, Wirkungsgeschichte, Literaturhinweisen und Illustrationen. it 70

Sophokles. König Ödipus
Übertragen und herausgegeben von Wolfgang Schadewaldt. Mit einem Nachwort, drei Aufsätzen, Wirkungsgeschichte und Literaturnachweisen. it 15

Der Traum der Roten Kammer
Ein Roman aus der frühen Tsing-Zeit. Aus dem Chinesischen übertragen von Franz Kuhn. Mit zeitgenössischen Illustrationen. it 292

Der Turm der fegenden Wolken
Altchinesische Novellen. Aus dem Chinesischen von Franz Kuhn. Mit chinesischen Steinabreibungen. it 162

Die Weisheit der Lüge
Von Sulchan-Saba Orbeliani. Georgische Fabeln, Märchen und Gleichnisse. Nachwort von Elke Erb. it 81

Deutsche Literatur

Clemens Brentano. Gockel Hinkel Gackeleia
Märchen. Mit Initialen und Lithographien von Caspar Braun nach Entwürfen von Clemens Brentano. Mit einem Nachwort von Franz Deibel. it 47

Georg Büchner/Ludwig Weidig. Der Hessische Landbote
Texte, Briefe, Prozeßakten. Kommentiert von Hans Magnus Enzensberger. it 51

Georg Büchner. Lenz
Erzählung. Mit Materialien zum Text. it 429

Adelbert von Chamisso. Peter Schlemihls wundersame Geschichte
Nachwort von Thomas Mann. Illustriert von Emil Preetorius. it 27

Matthias Claudius. Der Wandsbecker Bote
Mit einem Vorwort von Peter Suhrkamp und einem Nachwort von Hermann Hesse. Mit den Abbildungen der Erstausgabe. it 130

Annette von Droste-Hülshoff. Die Judenbuche. Ein Sittengemälde aus dem gebirgigen Westfalen. it 399

Joseph Freiherr von Eichendorff. Aus dem Leben eines Taugenichts
Mit Illustrationen von Adolf Schrödter und einem Nachwort von Ansgar Hillach. it 202

Joseph Freiherr von Eichendorff. Gedichte
Mit Illustrationen von Otto Ubbelohde. it 255

Joseph Freiherr von Eichendorff. Novellen und Gedichte. Ausgewählt und eingeleitet von Hermann Hesse. Mit Zeichnungen von Otto Ubbelohde. it 360

Erasmus von Rotterdam. Lob der Torheit
Mit den Handzeichnungen von Hans Holbein dem Jüngeren. Übersetzt und herausgegeben von Uwe Schultz. it 369

Theodor Fontane. Effi Briest
Mit Lithographien von Max Liebermann. it 138

Theodor Fontane. Der Stechlin
Mit einem Nachwort von Walter Müller-Seidel. it 152

Deutsche Literatur

Theodor Fontane. Unwiederbringlich. it 286

Johann Wolfgang Goethe. Dichtung und Wahrheit
Mit zeitgenössischen Illustrationen, ausgewählt von Jörn Göres. Drei Bände in Kassette. it 149/150/151

Johann Wolfgang Goethe. Gedichte in zeitlicher Folge
Eine Lebensgeschichte Goethes in seinen Gedichten. Herausgegeben von Heinz Nicolai. 2 Bände. it 350

Johann Wolfgang Goethe. Novellen
Herausgegeben von Katharina Mommsen. it 425

Johann Wolfgang Goethe. Faust
Erster Teil. Mit Illustrationen von Eugène Delacroix und einem Nachwort von Jörn Göres. it 50

Johann Wolfgang Goethe. Faust
Zweiter Teil. Mit Federzeichnungen von Max Beckmann.
Mit einem Nachwort zum Text von Jörn Göres. it 100

Johann Wolfgang Goethe. Hermann und Dorothea
Mit Aufsätzen von August Wilhelm Schlegel, Wilhelm von Humboldt, Georg Wilhelm Friedrich Hegel und Hermann Hettner. Illustrationen von Chodowiecki u. a. it 225

Johann Wolfgang Goethe. Italienische Reise
Mit vierzig Zeichnungen des Autors. Herausgegeben und mit einem Nachwort von Christoph Michel. Zwei Bände. it 175

Johann Wolfgang Goethe. Reise-, Zerstreuungs- und Trostbüchlein
Herausgegeben von Christoph Michel. it 400

Johann Wolfgang Goethe. Tagebuch der Italienischen Reise 1786
Notizen und Briefe aus Italien. Mit Skizzen und Zeichnungen des Autors. Herausgegeben und erläutert von Christoph Michel. it 176

Johann Wolfgang Goethe. Die Leiden des jungen Werther
Mit einem Essay von Georg Lukács »Die Leiden des jungen Werther«. Nachwort von Jörn Göres »Zweihundert Jahre Werther«. Mit Illustrationen von David Chodowiecki und anderen. it 25

Insel taschenbücher
Alphabetisches Verzeichnis